Sonnenblumenland

Miriam Gudrun Sieber

Sonnenblumenland

Von der Kraft gelebten Lebens

Biografien von Frauen aus dem Ostteil
Deutschlands

Fotografien von Julius Claußnitzer

1. Auflage 2009
© Miriam Gudrun Sieber, Friedebach 2009 · www.miriam-sieber.de

Fotos: Julius Claußnitzer
Druck: SCHWARZ Medien-Center GmbH, Meerane · www.schwarz-medien-center.de
Vertrieb: Miriam Gudrun Sieber · Tel. 037365-7897 · info@miriam-sieber.de
            Frauenzentrum „Regenbogen" e.V. Döbeln · frauenzentrum@regenbogendl.de

Förderer: Landesdirektion Chemnitz, Bereich Gleichstellung
            Verein zur Förderung von Fraueninitiativen,
            Frauenzentrum „Regenbogen" e.V. Döbeln

ISBN 978-3-9811118-4-2

Vorwort

Seit ich denken kann, also schon als Kind, hat es mich glücklich gemacht, den Lebensgeschichten von Menschen zu lauschen. Schon immer habe ich gestaunt, in welcher Vielfalt und Individualität Leben seinen Ausdruck findet. Kein Lebensweg gleicht dem anderen! Das ist und bleibt ein Wunder, ein Geheimnis, ist ein unerklärbares Mysterium. Beim Zuhören der vorliegenden Biografien habe ich dies tief in meinem Herzen empfunden. Meine Hochachtung und Liebe gilt jeder Frau, die mir ihr Leben erzählt hat, um damit an die Öffentlichkeit zu treten. Ich danke aus vollem Herzen für dieses große Geschenk. Ich hoffe sehr, dass diese Lebenswege auch für alle Leserinnen und Leser Geschenke sind. Es gibt Erfahrungen, die sind universell, d.h. auf einer tieferen Ebene können wir alle unser eigenes Leben in den Geschichten der anderen Menschen gespiegelt sehen und uns dadurch selbst besser verstehen.

Es sind unspektakuläre Biografien. Fast jede Frau hat gefragt, was denn so wichtig an ihrem Leben sei. Es sind die Geschichten von den Frauen nebenan, die jeden Tag an unserer Tür vorbeigehen oder die wir im Supermarkt treffen, beim Arzt, an der Bushaltestelle, oder mit denen wir vielleicht arbeiten.

Alle Frauen lebten und leben im Osten Deutschlands. Geboren von 1923 bis 1992.

Ich selbst bin in der DDR aufgewachsen und habe auch die zwanzig Jahre nach dem Mauerfall hier gelebt. Auch wenn es die Vereinigung der beiden Länder schon sehr lange gibt, sind die Erfahrungen in der DDR und später in den neuen Bundesländern völlig anders als in den alten Bundesländern. Ich meine damit, nicht nur politisch gesehen, sondern das kleine Leben im ganz normalen Alltag. Dem wollte ich Raum geben und selber besser verstehen lernen. Die einzelne Geschichte schreibt die gesamte Historie eines Landes, eines Volkes. Die Geschichten der Völker bringen die Weltprozesse in Bewegung.

Eine tiefere Motivation in mir hatte auch den Wunsch, das Land zu würdigen in allen seinen Widersprüchen und Erscheinungen. Ich will kein System, kein

Dogma, keine Diktatur würdigen, aber die Menschen, die darin gelebt haben und überlebten.

Es gehört auch die Diktatur der Nazis dazu, die in den Biografien von Erna und Anna beschrieben ist, und die Zeit nach dem Mauerfall, die schon zwanzig Jahre währt und eine neue Generation hervorgebracht hat. Michelle und Lena gehören dazu. Jede Zeit fordert die Menschen auf sehr spezielle Weise. Es ist unglaublich, wie unterschiedlich die Lebensvoraussetzungen in den einzelnen Generationen sind, vor allem von der ältesten Frau, 1923 geboren, und der Jüngsten, 1992 geboren. Daran sieht man die Entwicklung der gesellschaftlichen Situationen. Interessant auch die Rolle der Politik im einzelnen Leben.

Jeder Lebensweg steht für sich und ist zu einem inneren Gemälde geworden. Jede Frau erzählt durch ihr Leben von der Kraft ihres Herzens. Das ist das „Sonnenblumenland". Das Frauenherz, das liebt und geliebt werden will, sucht, verzweifelt, verzagt, hofft und glaubt, zerbricht, brennt, hergibt, zornig ist, weiterliebt, Narben hat, doch niemals aufgibt.

Die Hände sind direkt mit dem Herzen verbunden. Darum die Fotografien.

Hände, die handeln können oder verweigern, die geben oder nehmen, streicheln oder kämpfen, Schöpfer oder Zerstörer sind, vollbracht haben oder noch vollbringen. Frauenhände, die nähren und halten, Maschinenteile drehen, Kinder tragen, den Boden bestellen, Brot backen und Brot brechen, heilen und trösten, sich zur Faust ballen, den Liebsten berühren, nachts sich vor das Gesicht legen beim Weinen.

Ich habe versucht, die Sprache der Frauen so zu belassen. Die Biografien sind zum Teil gekürzt, weil es sonst den Rahmen des Buches gesprengt hätte.

Nochmals meinen tiefsten Dank allen Frauen in diesem Buch für die Geschichte ihres Lebens.

Ich danke Julius Claußnitzer für die gute Zusammenarbeit und für die fotografische Erfassung der Hände und des jeweiligen Milieus.

Mit diesem Buch möchte ich auch Maxi Wander gedenken, die in den 70-iger Jahren erste Frauenprotokolle herausgegeben hat in dem Buch „Guten Morgen Du Schöne" und 1977 sehr jung verstorben ist. Dieses Buch hat mich ein Leben lang begleitet. Mein Dank gilt auch dem Frauenzentrum „Regenbogen" e.V. in Döbeln für die geduldige Unterstützung sowie der Landesdirektion Chemnitz, Bereich Gleichstellung für die Bereitstellung der Fördermittel.

Miriam Gudrun Sieber

Friedebach, am 13. Oktober 2009

Erna

„Immer diese Angst"

Erna ist eine alleinstehende Frau, über 80 Jahre alt und blind.
Sie lebt in einem ehemaligen DDR-Neubaugebiet, in einer kleinen Wohnung, wo
ihr ganzes Leben stattfindet. Dort kennt sie jeden Gegenstand und fühlt sich sicher.
Selten geht sie ins Freie. Die Welt draußen macht ihr Angst. Nur wenn ihre Kinder
sie besuchen, wagt sie mit ihnen einen Spaziergang. Von Zeit zu Zeit bestellt sie sich
ein Taxi und fährt mit ihm zum Friseur oder Augenarzt. Es muss immer wieder der
gleiche Taxifahrer sein, sie kennt ihn seit Jahren.
Erna hört den ganzen Tag Radio, einen Sender, von dem sie jeden Sprecher und alle
Moderatoren kennt. Auch nachts, wenn sie nicht schlafen kann.

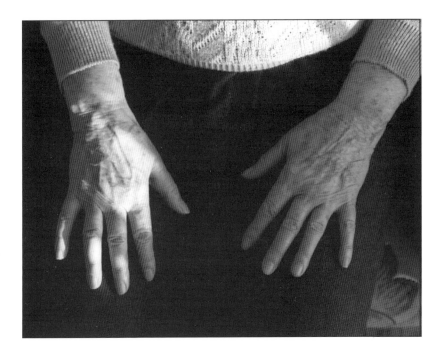

Die erste Erinnerung kommt, wie ich bei meinen Pflegeeltern war, da war ich so 3 Jahre. Meine Pflegemutter hat Zigarren gemacht. Da war ich immer mit dabei, in der Küche und in der Ecke hatte sie ihren Tisch, wo die Zigarren gerollt wurden, und ich habe daneben gespielt. Dann sind meine Pflegeeltern umgezogen. Die hatten so einen kleinen Handwagen, da konnte ich mich gerade so reinsetzen und anlehnen. Da kam eine Decke rein und ein Kissen, und da wurde unser Fritz, das war der Hund, davor gespannt. Da sind sie mit mir in den Garten oder spazieren gefahren. Sie hatten einen Garten hinten draußen, da habe ich auch gespielt. Bis ich dann für die Schule angemeldet wurde, da sagten meine Pflegeeltern, du hast noch eine Mutti, und da haben sie mich nun eingeweiht. Die kommt mal, und die geht mal mit dir spazieren. Sie wollte heiraten und mich dann zu sich nehmen.

Ich hatte sozusagen noch eine andere Mutter und einen anderen Vater.

Ich bin im September 1923 geboren, da war mein Vater schon tot, er hat sich im Juli aufgehängt. Der war Oberschweizer, so was wie Melker in einem Kuhstall auf einem Rittergut. Und das war doch nun, wo ich geboren bin, die Inflationszeit. Da hat er nun die Leute, so haben es mir meine Pflegeeltern erzählt, soweit wie es ging mit Milch versorgt, und Butter und so, alles heimlich, was er konnte. Die Herrschaft wusste das nicht, und dafür ist er bestraft worden, und da kam er ins Gefängnis. Ich weiß bloß, er muss im Juni/Juli eingesperrt worden sein, und da hat er sich gleich aufgehängt. Er hat das nicht verkraftet, denke ich.

Ob er gewusst hat, dass meine Mutter mit mir schwanger war, weiß ich nicht. Meine Oma, die Mutter meiner Mutter, die wohnte neben meinen Pflegeeltern in der Stadt. Die hat nun meinen Pflegeeltern erzählt, dass meine Mutter mich verkaufen will, in Leipzig an der Klinik. Und da hat meine Mama, also meine Pflegemutter gesagt: „Nichts gibt's! Red' ihr ja zu, die soll das Kind mitbringen. Wir werden es schon großziehen."

Meine Mutter war damals 20 Jahre. 1923 bin ich geboren, und die ist 1903 geboren. Die war auch auf dem Rittergut, da hat sie meinen Vater kennengelernt.

Ich bin dann in Leipzig in der Klinik geboren. Meine Mutter ist schon zuvor in die Klinik und hat gearbeitet. Und da konnte sie dort entbinden. Ledig ein Kind zu kriegen – das war schlimm. Das war schlimm! Das habe ich in der Schulzeit gemerkt. Ich bin immer sozusagen verstoßen worden. Ich musste sagen, wer meine Eltern sind. Meine Mutter, die hieß anders als ich. Und auch die Lehrer, das war eine Schande. Ich konnte mich auch nie zu den Kindern so fröhlich mit reinmengen, ich hatte immer einen Rucksack. Irgendwie habe ich mich immer geschämt.

Jedenfalls haben meine Pflegeeltern mich aufgenommen, gleich nach der Geburt. Sie waren arme, aber gute Leute. Bis ich in die Schule kam, war ich dort. Es war schön, ja. Wenn ich das auch nicht hatte, was andere Kinder hatten, aber mein Pflegevater und der Sohn, die haben viel gebastelt für mich, für die Puppenstube ... Ich hatte auch einen Puppenwagen, der war aus Korb. Ich hatte einen Teddy, ich hatte eine schöne Puppe, und die Mama hat auch Kleider genäht für die Puppe. Die Kindheit war nicht so, wenn da nun andere sonst was erzählen, aber ich war zufrieden mit meiner. Die Wohnung war auch schön. Und meine Pflegeeltern waren sehr gut. Meine Pflegemutter hatte eben Zigarren gemacht und der Pflegevater war Stuhlbauer. Der ging früh zur Arbeit und kam abends wieder, und die Mama war zu Hause und hat sich um uns gekümmert. Die Pflegeeltern bekamen ja im Monat für mich, das musste meine Mutter bezahlen an die Stadt, sie bekamen 25 Mark.

Ab und zu kam eine Frau im grauen Kleid, und die hatte ein Häubchen auf, die war von der Stadt. Und eine große, weiße Schürze um, wie das die Schwestern so hatten, nicht wahr. Da kam sie immer mal gucken.

Ja, und Weihnachten war schön. Da war erstens der Tannenbaum, da gab es Schokoladenringe, die da drangehangen wurden, und die Nüsse haben wir in Silberpapier gewickelt. Dann kamen weiße oder bunte Lichter, ich wollte immer weiße. Da war `ne Puppe ... nicht viel, aber so was ich liebe. Und das war immer schön. Ja, so war Heiligabend.

Und da kam ja das erste Mal das Radio auf, da gab es die kleinen Kasten, wie will ich sagen, bisschen größer, wenn du das Telefon hochkant stellst. Das war die „Göbbelsschnauze". Und vor allen Dingen kann ich mich entsinnen, wenn Schmeling geboxt hat, da habe ich auf dem Tisch gesessen, habe auch gehorcht.

Nein, ich hatte dort eine schöne Zeit.

Ich hatte ein Lieblingsessen, das habe ich heute noch, das ist der Milchreis. Ja, Milchreis und Eintopf machte die Mama gut. Es gab nicht viel zu kaufen. Wir hatten ja auch kein Geld, weil der Papa dann arbeitslos war. Und da war das Arbeitsamt. Da standen die, die ganze Straße lang, aber nicht einzeln, sondern zu dritt. Da hatte der Papa mich an der Hand. Wenn ich mit dem Papa stempeln war und es gab Geld, gingen wir gleich eine Rate bezahlen im Möbelhaus, wo sie Betten gekauft hatten.

Gehungert habe ich in der schweren Zeit nicht. Ob die Eltern gehungert haben, das weiß ich nicht. Ich nicht, ich habe viel gegessen, also Brötchen in Milch getunkt. Aber das habe ich mitbekommen, dass man auch nicht alles bekommen konnte. Die Mama, die musste dann die Zigarren abliefern und bekam ein paar Pfennige. Sie nahm mich mit, und dann gingen wir immer einkaufen. Und da kaufte mir die Mama entweder `ne Apfelsine, eine Banane oder so spitze Tüten, waren Kameruner drin, Erdnüsse. Von diesen drei Sachen konnte ich etwas bekommen. Und da habe ich immer gesagt: „Mama, nimm die Tüte, da ist viel drin!" Aber dann hat sie mir auch noch eine Banane gekauft. Die hatte ich lange in der Hand und wieder in den Korb getan und wieder raus. Bis die Mama sagte: „Aber jetzt essen, es wird Matsch!" Das war wenig, aber große Freude. Gib einmal den Kindern heute so was.

Es war schön.

Ich hatte braune Haare und Hahnenkamm, auch Zöpfe manchmal. Da war ja noch Mode, Schürzen zu tragen, eine bestimmte Schürze wurde nur sonntags umgebunden.

Und viel gespielt haben wir. Viel „Mensch ärgere dich nicht" und Kartenspiele „Schwarzer Peter". Und wenn meine Mama gearbeitet hat mit den Zigarren zu Hause, habe ich in der Küche gespielt oder mitgeholfen.

Ich kam dann in die Schule, da haben meine Pflegeeltern mich eingeweiht, dass sie mich bloß in Pflege haben und mich versorgen, weil meine Mutti keine Zeit hätte.

Und dann kam sie. Da ging die, die sagte, sie wäre meine Mutter, mit mir in den Stadtpark spazieren. Da sind wir ringsherum gelaufen, und da waren auch noch Tiere, und da habe ich gesagt: „Tante, gehen wir wieder heim?" Und da hat die mir eine geschwalbt, aber so richtig mit der Hand. Und als wir heimkamen, fragte der Papa, ob ich hingefallen sei. Ich habe nichts gesagt, bloß genickt, und es sind mir die Tränen gelaufen.

Das habe ich nicht begriffen! Nein, wenn du das erste Mal einen fremden Menschen siehst, und der sagt, ich bin deine Mutti.

Dann kam ich zu meiner Mutter, sie heiratete, und mein Stiefvater holte mich ab. Sie lebten auf einem kleinen Dorf, nicht weit von der Stadt und der Straße meiner Pflegeeltern entfernt. Mein Stiefvater war gut zu mir. Während der Schulzeit hat er mir bei den Rechenaufgaben mit den Prozenten geholfen. Wenn meine Mutter Wut hatte, stand sie mit dem Riemen oder mit dem Klopfer da, oder sie hat mit beiden Fäusten auf mich eingeschlagen. Ich hatte nur Angst. Das Essen hat mir oft nicht geschmeckt, ich bekam es immer und immer wieder vorgesetzt. Ich habe oft vor Angst in die Hosen gemacht.

Jedenfalls haben meine Pflegeeltern veranlasst, dass die Wohlfahrtsschwester öfters kontrollieren kam. Wenn die mich fragte, konnte ich nichts sagen. Die Mutter hat mich ja auch öfters in die Scheune gesperrt.

Als ich den 10. Geburtstag hatte, sagte sie: „Hätte ich dich lieber verkauft!" Und geweint habe ich immer Rotz und Wasser nach meiner Mama und meinem Papa.

Sie haben mich dann immer getröstet, diese Woche noch und dann kommst du uns wieder besuchen. Manchmal bin ich heimlich weggelaufen, bei Nacht und Nebel, über die Felder zu meiner Mama und Papa. „Lasst mich wieder bei euch sein!" habe ich gebettelt. Doch sie konnten ja nicht, nach Gesetz.

Auch in der Schule hatte ich solche Angst. Wenn ich manches nicht gleich begriffen hatte, war wieder die Angst da. Und sie hat mich verfolgt.

Immer diese Angst! Bis heute, die war nie ganz weg, wenn jetzt manchmal das

Wetter nicht so ist, und ich gehe die Treppe runter, da kommt sie mit einem Mal, die Angst, und ich muss gleich wieder zurück, setze mich in den Sessel oder in die Ecke, mache die Augen zu, und heule erst mal.

Ja, und dann kam der Hitler an die Macht. In der Klasse hatten wir einen Lehrer, der war nun ganz und gar SS-Mann. Wir mussten jeden früh ans Pult vorkommen, „Heil Hitler!" rufen und ein Gedicht ansagen. Und nun wurde uns das allgemein so eingebläut.

Meine Pflegeeltern waren keine Kommunisten, aber Arbeiter. „Wir sind Arbeiter, und wir müssen zusammenhalten!", habe ich immer gehört, wenn die mit welchen zusammen waren. Sie trafen sich im Hof in einer Laube vom Hauswirt. Dort hörte ich dann, das ist doch alles Schwindel, mit Hitler und so, aber der schafft Arbeit, und da müssen wir gehorchen.

Bei dem Lehrer ging es nun jeden Tag ans Pult, und er hatte so eine straffe Sprache, und ich konnte vor Angst nicht reden. Wir mussten ja eine weiße Bluse tragen und ein schwarzes Dreiecktuch zum Knoten binden. Ich hatte die Gedichte aus Angst zehn Mal gelernt. Weil ich sie besonders gut brachte, musste ich andauernd ansagen.

Das war ja auch eine schwere Zeit. Das war ja wirklich schwer! Ich erinnere mich, wie die Nazis die Leute aus dem Arbeitersportverein auf LKWs abtransportiert haben und die nie wieder gesehen wurden. Wir waren die Kindergruppe und standen dabei. Da bin ich zu meiner Mama gelaufen und habe geweint, die Männer hatten alle Angst auf den LKWs.

Dann kam ich aus der Schule, es wurden Gruppen gebildet mit Gruppenleitern. Ich wurde bestimmt zur Scharleiterin und gar nicht gefragt. Aber mit welcher Angst ich das gemacht habe. Und ich hatte ja auch die Angst, dass was mit mir nicht stimmte, weil ich ja unehelich geboren war.

Alle fragten mich: „Unehelich, und warum denn nur?"

Ich hatte immer im Kopf, du machst was verkehrt.

Wo ich meine Tochter geboren habe und sie das erste Mal angelegt habe, musste ich so heulen, weil ich dran dachte, dass meine Mutter mich verkaufen wollte.

Wie das mit meiner Regelblutung war? Ich dachte, jetzt bist'de krank, irgendwie, aber geschämt habe ich mich.

Das habe ich mit der Mama besprochen. Aufgeklärt haben die mich auch nicht. Das musst du dir anstreichen im Kalender, hieß es da. Da gab mir meine Mama dann Binden. Da gab es welche zum Auswaschen. Ich war 11 oder 12 Jahre. Mit 40 war ich aber auch schon fertig.

Ich hatte Schmerzen, Bauchschmerzen. In der Schule hieß es, wenn wir unsre Tage hatten: Der Mond scheint.

1939 kam ich dann aufs Rittergut. Dort war ich Dienstmädchen. Das war nicht leicht. Wir mussten hart arbeiten.

Um 4 Uhr aufstehen, da musste ich gleich in den Kuhstall die Milch abnehmen, je nachdem wie viel Liter und Kannen in die Molkerei gingen. Und entsprechend kamen dann Butter und anderes Zeug zurück, wie Magermilch usw. Das musste alles übereinstimmen. Dann habe ich in der Wohnung für die Herrschaften den Tisch gedeckt, ihnen geholfen beim Schuheanziehen. Der Herr stellte seinen Schuh auf mein Knie, egal ob ich eine neue Schürze anhatte, und dann musste ich die Schuhe zuschnüren. Und wenn die Schürze schmutzig war, musste ich eben wieder eine neue umbinden. Dann wurde abgeräumt, aufgewaschen und schon wieder das Mittagessen vorbereitet. Oder wir hatten Wäsche, im Garten mussten wir graben und pflanzen. Das war 1939 bis 1940. Wir drei Mädchen aßen in der Küche.

Wenn Besuch kam, hatten wir einen Platz in der Ecke und bekamen gesagt, wo wir stehen mussten und die Augen überall haben. Da bekam man auch mal einen schönen Rüffel. Wir mussten ja auch „Gnädige Frau" und „Gnädiger Herr" sagen.

Da hatte ich auch wieder Angst, was falsch zu machen. Ja, also die Gnädige konnte ganz gemein werden und auch er. Aber das war nicht ganz so schlimm wie zu Hause.

Frei war abends so um 20 Uhr rum. Die Küche musste ja dann schon wieder in Ordnung sein, aufgewaschen, rausgewischt.

Im Sommer waren wir abends unten im Park, haben Handarbeiten gemacht. Ich habe viel Handarbeiten gemacht. Bis ich dann den Milchkontrolleur Albert kennengelernt habe, der war 10 Jahre älter als ich. Die Jüngeren waren mir alle zu kindisch. Mit dem bin ich tanzen gegangen oder spazieren.

Ich war das erste Mal mit ihm so richtig im Bett, als er am 1. September 1940 fort musste, in den Krieg. Ich war 17. Und ehe der Winter kam, musste er fort. Und er wohnte in der Nähe, in einem Häusel auf dem Berg hinter dem Gut. Da hatte er ein Zimmer, und er hat gefragt, ob ich mit dort bleiben will. Das war sozusagen das Entjungfern auch, nicht wahr? Ich hatte nur Angst, Angst. Und 1940 ist er eingezogen und 1943 gefallen.

Albert kam immer mal wieder auf Urlaub. Dann bin ich öfter zu seinen Eltern gefahren. Der hatte noch fünf Brüder und zwei Schwestern. Es waren sehr gute Eltern. Als er das letzte Mal auf Urlaub war, sagte er: „Wenn wir heiraten, dann kann ich nochmal nach Hause kommen".

Es ist ihm schwer gefallen, wieder abzufahren. Und ich brachte ihn zum Bahnhof. Auf dem Bahnsteig hatte er mich immer noch im Arm, als der Zug langsam schon losfuhr. Er hielt mich krampfhaft fest. Da ist er dann gerannt, aufs Trittbrett und rein und fort. Und ich bin in den falschen Zug gestiegen, so durcheinander war ich. Da bin ich wo ganz anders gelandet.

Er hat bestimmt geahnt, dass er nicht wieder kommt. So fest, wie er mich gehalten und gedrückt hat, war es noch nie gewesen. Und ich habe dann im Zug geheult. Und in meinem Bett hatte ich eigenartige Gefühle.

Und da hat er mir geschrieben, ich solle doch zum Pfarrer gehen, und auf das Rathaus.

Ich musste ihm das Aufgebot rausschicken an die Front.

Inzwischen hatte ich gekündigt und mir im Lazarett Arbeit gesucht. Da war ich Telefonistin. Früh am Tag der Hochzeit bekam ich ein Telegramm: „Bin auf dem Wege nach Hause".

Da habe ich mich gefreut wie ein König. Beim Eintreffen des Telegramms war ausgemacht, dass ich Urlaub nehme. Sie haben mich nach Hause gefahren, Blumen hatte ich auch schon bekommen. Jedoch abends um 21 Uhr kam ein weiteres Telegramm, dass er gefallen ist. Ich brachte kein Wort mehr heraus. Meine Nachbarin kam. Sie hat mich in den Arm genommen, und dann konnte ich erst heulen.

Das war 1943, im August ist er gefallen. Der hat den Anfang gemacht, wenig später sind alle seine fünf Brüder gefallen. Im Februar 1944 ist der Letzte gefallen. Furchtbar für die Mutter, alle Söhne verloren. Sie hat immer gedacht, dass einer heimkommt und dass ich in die Familie komme.

Ich wollte nur noch Schwester lernen und für andere da sein. Wenn du das siehst, wie sie kamen, die Soldaten. Da, wo ich war, das war ja ein Lungenlazarett. Wie viele sich da erschossen haben. Ich dachte, du willst nur helfen. Aber ich wurde sehr krank. Ich bekam dann Gehirnhautentzündung, mit dem Kopfe. Dadurch bekam ich dann eine Kur im Erzgebirge.

Dort war eine Frau aus Chemnitz, die legte allen die Karten. Ich war ja auch noch jung, 22 Jahre alt und glaubte so was nicht. Und wie sie mir das nun so erzählt, dass ein älterer Herr in der Nähe ist, und ich solle ihn nicht abweisen. Der trägt die große Liebe im Herzen. Aber ich konnte das nicht glauben.

Am 13. Februar sind wir früh nach Dresden gefahren, und der Zug aus dem Gebirge fährt ja nun nicht so schnell. Es war gegen Mittag, wir waren drei Mädchen. Wir steigen in den Zug rein mit unserem Koffer, und überall Soldaten und die lachten. Wir hatten Spaß, bis wir merkten, dass wir im falschen Zug waren. Die Soldaten haben uns dann geholfen, in den richtigen Zug zu steigen mit dem ganzen Gepäck.

Wenn wir in diesem Zug geblieben wären, wären wir in Dresden mit umgekommen. Als wir in Meißen waren, kam der Schaffner durch: „Alle aussteigen, kein Licht, vorsichtig, alle auf die Wiese!!!" Und da hörten wir die Bomben, wir sahen das Feuer. Wie wir gezittert haben! Wir dachten an die armen Soldaten. Und mein Papa stand zuhause im Tunnel am Bahnhof, er dachte, auch ich bin mit umgekommen. Ihr eigener Sohn war auch schon gefallen, so war das damals. Das war eben so, das ging allen so.

Danach habe ich, bis die Russen kamen, im Lazarett weitergearbeitet. Jedenfalls ich wollte weit weg und nur helfen, helfen. Dann wurde es nichts, da kamen die Russen.

Und da kam vom Rittergut der Sohn. Sie wollten mich als Mamsell haben.

Ach, ich habe lange überlegt. Dann bin ich wieder ins Rittergut. Die Gnädige hatte so ein kleines Körbchen, wo sämtliche Schlüssel drin waren. Und was sie, als ich Stubenmädchen war, nie gemacht hatte, sie gab mir jetzt den Schlüssel für die Vorratskammer, und ich konnte schalten und walten, wie ich wollte. Da habe ich dann dort direkt die Große gespielt.

Ich kochte für die vielen französischen Gefangenen. Vor dem Zusammensturz hatten wir Polen, die reinsten Kinder. Die bekamen nichts zu essen. Wir hatten Blumenstöcke im Küchen- und Waschhausfenster, und dort habe ich immer einen Topf gekochte Kartoffeln und ein Stück Blutwurst oder Leberwurst hingestellt, ihnen ein Zeichen gegeben, und sie haben es dann geholt. Als die Russen kamen, haben die mich tüchtig in Schutz genommen.

Und ein alter Freund von mir, der Ernst, war durch die Mulde geschwommen. War abgerückt von den Amerikanern aus der Kriegsgefangenschaft, und wir haben den versteckt. Der Rittergutssohn machte ein Zimmer frei, und dort hat der Ernst gewohnt und auch schwer mitgearbeitet. Na ja, ich habe ihn rausgefüttert, der war doch dürre, ich stellte ihm abends immer ein paar Schnitten und etwas Kompott ins Zimmer.

Um diese Zeit bekamen wir drei Männer in Quartier, die sollten hier die Dörfer kontrollieren. Sie nannten sie Landschutz, Dorfschutz. Sie mussten auch die Züge kontrollieren aus dem Gebirge. Die Menschen saßen ja oben drauf, auf den Trittbrettern, die haben ja getauscht bei den Bauern noch und noch. Aber die Bauern haben sie beschissen, weiß ich doch selbst! Die wurden also kontrolliert.

Und diese Männer schliefen bei uns im Dorf, aber auf unserem Gut wurden sie beköstigt. Mittagessen, Abendbrot.

Ich hatte von meinem Verlobten eine Uhr bekommen, eine Schweizer Uhr, die vergrub ich tief unterm Rhabarber. Die Russen nahmen doch alles. Wäsche, die ich bekommen hatte, und Kristallvasen, die ich als Stubenmädchen bekommen hatte, hatte ich alles in einen kleinen Reisekorb verpackt. Die Russen haben den Korb geschnappt und dann ging's fort. Und da dachte ich, die Uhr vergräbst du. Und der Rhabarber hat ja eine Säure, und die Uhr war ganz verschmutzt, man sah kein Zifferblatt mehr. Da war ich schon in der Stadt gewesen, aber kein Uhrmacher nahm sie.

Und nun waren die Männer bei uns, und ich fragte sie wegen der Uhr. Einer sagte: „Würden sie mir die anvertrauen? Aber es dauert eine Weile." Da hat der die Uhr ganz gemacht. Da fragte ich ihn, was er dafür bekomme. Er sagte: „Nichts" - und später, als ich das Essen servierte: „Liebe lässt man sich nicht bezahlen." Mir ging es kalt den Buckel runter. Nun, ich sah, dass er schon älter war. Er lud mich mal ein.

Und da sind wir spazieren gegangen, und er zeigte mir sämtliche Papiere. Er war nicht bei den Soldaten, war ausgemustert worden und nicht verheiratet.

So fing das an mit meinem Mann! Er war 18 Jahre älter als ich.

Er hat, bis das Gut aufgelöst wurde, Treuhand gemacht.

Später wurde das Rittergut also aufgelöst in Neubauernstellen. Wir haben uns dann um unser Grundstück beworben. Wir bekamen eins.

Nach dem Einzug, und wir mussten trotz nasser Wände einziehen, sonst hätten sie es uns wieder weggenommen, bekam ich Rheuma. Ich konnte nicht mehr laufen, konnte nichts mehr in der Hand halten, bin an zwei Stöcken gegangen. Da hat mich mein Mann eingepackt in Watte, die Gelenke in Badetücher.

1945 haben wir geheiratet, er wurde gerade Bürgermeister im Dorf.

Mit der Kutsche sind wir zum Standesamt gefahren. Danach sind wir in die Kirche. Es war wunderschön. Dann mussten wir ja um 22 Uhr zu Hause sein, wegen der Polizeistunde. Meine Pflegeeltern haben uns dann das Schlafzimmer gegeben, und sie schliefen in der Stube auf der Couch.

Ja, das kann ich nicht anders sagen, er war ein guter Mann. Er war mein Zuhause, Geborgenheit. Und für ihn war es auch so. Er war ja vom Rheinland weggegangen nach Pommern und hatte dort ein großes Gut verwaltet. Er war heimatlos wie ich, das hat uns zusammengebracht.

Und keiner von uns hat geklagt. Wir hatten ja nun nichts. Er hat mir als Küchenschrank einen Militärspind zurechtgemacht, gestrichen, Fächer und Leisten an die Tür gemacht, für die Topfstürzen. Da war ich zufrieden. Es kommt nicht darauf an, wieviel man hat. Nein.

Und da hatten wir ja alles. Der Max wollte eine Hühnerfarm machen oder eine Pelzfarm in die kleinen Gebäude. Aber das bekamen wir nicht bewilligt. Die Russen! Oder die anderen, man durfte ja nichts sagen, wie bei Hitler. Aber Frieden war und zum Essen auch, wenn auch auf Marken. Ich hatte wieder Angst, was falsch zu machen. Der Max war doch Bürgermeister, von den Russen eingesetzt. Ein falsches Wort und aus. Sie haben viele Leute weggeschleppt, auch welche, die keiner Seele was zuleide getan hatten. Die kamen auch nicht wieder. Das Elend ging weiter, aber es war Frieden.

Mein Mann war nur kurz Bürgermeister, dann wollte er was verdienen und arbeitete in einer Fabrik, wie auch ich nach den Kindern.

Wir hatten unser Grundstück und haben angefangen, nach dem Krieg uns zu erholen und ein Zuhause zu gründen. Ja. Angebaut, eine Ziege bekommen, von den Nachbarn. Die haben uns viel geholfen, gaben uns manchen Korb Kartoffeln und Milch. Meine kleine Tochter lief immer übers Feld, am Wochenende und holte einen Krug Milch. Die erste Zeit habe ich für die Leute die Hemdenkragen umgedreht und neue Bündchen gemacht, genäht, Schürzen für Mehl oder was sie mir geben konnten.

Die Herrschaften vom Rittergut sind vertrieben worden.

Eigentlich konnte ich keine Kinder kriegen. Mein Mann und ich, wir haben uns so gut verstanden, und ich wollte ihm ein Kind schenken. Der wollte eine Familie. Da war die eine Nachbarin, die fuhr zum Frauenarzt. Und da sagte sie, da fährst du mal mit. Ich kam ins Krankenhaus Eileiter durchblasen, das tat weh. Es war gerade so, als zerplatze die ganze Innerei. Da kam ich nach Hause und konnte kaum laufen, alles unten herum tat mir weh. Ich war schlapp, lief am Zaun entlang. Da hat mich mein Mann gleich reingetragen. Er hat sich nicht getraut, mich anzurühren. Er hatte erst mal Angst, mir wehzutun. Doch dann hat es gleich geklappt.

Dadurch, dass mein Mann Landwirt war, hat er doch auch alles ausprobiert, und er hatte, so groß wie der Tisch, Weizen ausgesät, und den haben wir verpflanzt. Da kamen die Kinder aus der Schule, die haben dort Unterricht gemacht. Wir hatten Ähren, 10 cm groß. Es war viel Arbeit, alles mit der Hand.

Ich war schwanger mit meiner Tochter.

Im März 1948 ist dann meine Tochter geboren. Es schneite gerade. Mein Mann hat mir dann von draußen ein paar Kätzchen und ein paar Schneeglöckchen geholt. Er war mit dabei bei der Geburt. Er hatte tüchtige Angst. Ich hatte ihn früh losgeschickt, weil schon etwas Blut fortging ins Nachtgeschirr. Er musste ja mit dem Fahrrad fahren und die Hebamme auch.

Das war am Dienstag. Am Montag war ich noch Obstbäume holen draußen auf der Höhe mit dem Handwagen. Wir waren anders, die Frauen sind jetzt so verweichlicht.

Was wir im Krieg erlebt haben, das würde heute gar kein Mensch mehr überstehen.

Das Mädchen ist zu Hause geboren. Und mein Sohn auch. Beide. Er ist in der Nacht geboren. Es hatte bald wieder geklappt. Habe es nicht richtig bemerkt. Ich hatte ja noch die Periode bis April, und im August ist er geboren. Er ist 1951 geboren.

Dann mussten wir immer aufpassen. Ich hatte dann Angst. Ich hatte nur noch Angst, schwanger zu werden.

Von der Liebe hatte ich nicht viel, hatte immer Angst. Kusseln und so war schön, aber ich habe nie was davon gehabt, das konntest du zählen, erst die letzten Jahre. Wo ich wirklich wusste, es ist vorbei. Aber auch nicht immer, bei mir fehlte immer die Kraft. Ich habe mich immer körperlich erschöpft gefühlt. Ja. Ob das mit dem Rücken schon zusammenhing? Überarbeitet, und ich denke, auch die vielen Jahre ... Hatte ich Ärger im Betrieb, wenn das nicht so klappte oder mit den Kindern, mit der Schule. Wenn ich belastet bin, kann ich nicht. Er war ein richtiger Hirsch, er konnte immer.

Wir haben uns sehr gut verstanden. Geachtet, geschätzt, sehr gut. Und trotzdem, mein Mann war ein Arbeitspferd noch und noch, und abends konnte er lieben. Ich war tot, kaputt. Bei den meisten Männern soll es ja ab 40 aufhören, das haben die Frauen in der Fabrik erzählt, die quasseln eben viel.

Aber ich wollte keinen anderen Mann. Nein. Gar nicht. Im Betrieb wurde manchmal geprotzt, was der Mann alles geboten hatte, waren im Urlaub.

Das konnten wir nicht. Er war eben gut mit mir. Nein, ich kann mich nicht beklagen.

Wir hatten ja auch unsere Sorgen. Der Sohn war von klein auf schwer krank. Was ich um den geweint habe! Mein Mann hatte einen Unfall und konnte nicht mehr reden. Ich war alleine mit den Sorgen um die Kinder. Er lag lange im Krankenhaus. Wir hatten die Wasserleitung gebaut für die Siedlung. Dabei ist es passiert. Es ging alles im Kollektiv, im Sozialistischen. Er war auch in der Partei. Ich nicht, mich interessierte Politik nicht. Und wie soll man es auch besser machen? Wir hatten ja Frieden und was zu essen und ein Haus und die Kinder. Was braucht der Mensch mehr. Wir waren zufrieden.

Die Tochter war mal schwierig wegen der Musik, die modern war.

Und wegen der ganzen Sorgen, denke ich, konnte ich in meiner Ehe auch nicht mit meinem Manne spielen, mal so richtig austoben, das konnte ich einfach nicht. Ich habe mich geschämt.

Ich habe immer bei mir gedacht, darfst du das? Musst du dich schämen?

Ich glaube, das durfte man nicht, das war schmutzig, dreckig, eklig! Mein Enkel hat schon im 5. Schuljahr die Kondome erklärt bekommen. Da dachte ich, mein Gott. Auch nackig laufen, im Freibad, wer es kann, soll es tun. Ich kann es nicht.

Unser Leben war so einfach, hart oft, wir haben viel gearbeitet und hatten unser Auskommen. Die Arbeit im Betrieb war uns sicher, wir hatten keine Angst vor Arbeitslosigkeit, so wie heute. In der DDR war alles sicher, für die Arbeiter eben. Das Durcheinander heute, es geht drunter und drüber. Zu essen war da, wir hatten unser Haus, Garten, auch was gespart, nicht viel. Keine Verbrecher! Jetzt muss man immer Angst haben, unsere Haustür ist zum Glück immer zugeschlossen.

Man durfte nichts sagen, aber so war das schon immer. Des Brot ich esse, des Lied ich sing! Mein Enkel muss sogar wegen der Arbeit in den Westen fahren. Das ist schrecklich, da hat man immer Sorgen, der Verkehr und die schnellen Autos. Im Radio höre ich immer die Nachrichten.

Nein, in der DDR war es einfacher, besser. Wir haben schwer gearbeitet, wollten uns was schaffen. Hatten das Haus und den Garten. Haben viel geerntet und alles verkauft, Beeren und anderes Obst.

Ich hatte so viele Krankheiten durch das Arbeiten am Band in der Maschinenfabrik. Viermal Herzinfarkt! Und immer der Rücken.

1970 ging es dann mit den Augen los. Wir hatten Silberhochzeit, die Tochter Hochzeit, und meine erste Enkeltochter wurde geboren.

Die Tropfen vom Augenarzt halfen nicht mehr.

Erst sah ich die Farben nicht mehr und heute nur noch Schatten. Es ging schrittweise, das war schrecklich. Aber ich hatte immer den Wunsch, wieder zu sehen, bis heute. Ich war so oft im Krankenhaus, OPs und Lasern.

Die Dunkelheit ist schlimm, damit werde ich nicht fertig.

Habe noch eine Enkeltochter und einen Enkelsohn bekommen. Es war schön, wenn sie zu uns kamen in den Ferien.

Der Vati starb kurz vor seinem 85. Geburtstag im November, da konnte ich noch bisschen sehen, und es war die Wende. Da brachten sie immer im Radio das ganze Zeug, das hat mich nicht interessiert. Er hat gelegen und hatte solche Schmerzen und es gab doch kein Morphium, er hat bald das Bett zerrissen, er hat geschrien. Ich hatte das ja im Lazarett erlebt.

Er hat mich gedrückt und sich bedankt, dass ich nicht weggelaufen bin. Und unser Sohn saß bei ihm am Bett und hat den Puls gefühlt, ich saß am Fuß, dann war Schluss.

Ich habe mir die Augen ausgeheult, aber ich hab' ihn nicht wieder gekriegt.

Das war die Wende.

Die Trauerfeier war skandalös. Drum habe ich gesagt, kein Redner, wenn ich mal sterbe. Ich will keinen Redner!

Ich habe einfach und schlicht gelebt, ich konnte nie aus dem Vollen schöpfen oder mir dies oder jenes gönnen, und so will ich auch gehen.

Kurz nachdem der Vati gestorben war, bin ich hier ins Neubaugebiet gezogen. Erst war es hart für mich, aber heute bin ich so froh. Mit den Augen wurde es ja immer schlimmer. Hier ist mir alles bekannt, da hat alles seinen Platz und

seine Ordnung.

Ich habe das Alter, und wenn es sein muss, muss es sein. Aber ich bin nicht gestorben bis jetzt, nur sehen kann ich immer schlechter, nur noch Schatten und Umrisse.

Ich habe keine Angst vorm Sterben. Nein. Ich habe nur Angst, dass ich alleine bin, wenn was passiert. Wenn kommt der Tod, soll er kommen und soll gleich die Luft mir wegnehmen.

Es wäre mein Wunsch, dass ich sie alle noch einmal um mich habe.

Was danach kommt, das kann einem keiner sagen, aber manchmal denke ich, es ist doch was Wahres dran, das mit dem Weiterleben. Der Vati wartet vielleicht auf der anderen Seite auf mich.

Ich habe eben Glück, so schön lange zu leben.

Schön war es mein Leben, nur die Angst, die ist heute noch da.

Der Junge, wenn der in der Woche unverhofft kommt, kommt er nie mit leeren Händen, er hat immer zwei oder drei Stück Kuchen mit. Das letzte Mal hatte er einen Windbeutel, nicht bloß einen sondern zwei und sagte: „Iss nur!", hat mich gestreichelt. Das ist schön. Nein, ich will noch nicht sterben.

Meine Tochter kommt jeden Sonnabend mit ihrem Mann, und abends rufen wir uns an. Und meine Enkel sind auch gut. Ich freue mich, wenn ich ihnen einen Schein geben kann, da ist man noch zu was nütze. Ich will auch noch mein Urenkelchen erleben. Es ist ja schon geboren, nur noch so klein, da habe ich noch nichts von ihm.

Ich habe immer gerne gelebt. Ja, ich habe immer schwer gearbeitet im Garten, dann noch die Arbeit in der Fabrik und die Kinder, der Haushalt. Eigentlich würde ich nichts anders machen, nur ich würde anders mit den Kindern sein, ihnen mehr erzählen. Ich habe es nicht gekonnt. Habe mich immer geschämt, aber heute würde ich es anders machen. Das hat man nun in den Jahren gelernt.

Ich habe gerne gegeben. Man hat gegeben und gerne gegeben und hätte gern noch mehr gegeben.

Ich habe viel durchgemacht. Wenn ich so zurückdenke. Aber ich kann auch danken!

Hätte meine Mutter mich verkauft, wer weiß, wo ich da nun heute wäre.

Nein das ist schon gut so.

P.S.: Erna lebt nicht mehr. Während der Vollendung des Buches ist sie in einem Pflegeheim kurz vor ihrem 86. Geburtstag gestorben, so wie sie es sich gewünscht hat: Liebevoll umsorgt von ihrer Tochter und ihrer Enkelin.

Ich danke ihr sehr für das Geschenk ihrer Biografie, mit der eine Zeit beschrieben ist, die wir nur noch durch solche Erzählungen erfahren und erleben können.

Anna

„Ich kann mich an Kleinigkeiten erfreuen"

Sie ist eine allein stehende Frau von 72 Jahren und lebt in einer sächsischen Groß-
stadt in einem Projekt „Betreutes Wohnen". Seit ihrem 39. Lebensjahr ist sie gehbe-
hindert. Sie hat vier Geschwister, mit denen sie gemeinsam mit der Mutter nach dem
Krieg flüchten musste.
Ihre Welt besteht jetzt aus der kleinen Wohnung, die sie nicht mehr verlassen kann,
und den Helfern und Verwandten, die von außen den Kontakt halten.
Sie hat eine lebendige Art zu sprechen, lacht viel und erzählt gerne von ihren Ge-
fühlen, die sie zum Beispiel hat, wenn sie einen Film im Fernsehen gesehen hat. Sie
kann den Film bis ins kleinste Detail schildern. Es ist ein Teil der Welt, in der sie lebt,
nachts fernzusehen und sich gute Filme zu gönnen. Der Fernseher läuft die ganze
Nacht, damit sie sich nicht so alleine fühlt.

Geboren bin ich in Schlesien, in einer Kleinstadt, im Jahre 1937.

Also, wenn ich jetzt an meine Kindheit denke und die Augen schließe, da war ich vielleicht, wenn mich die Mutti auf dem Arm hatte, vielleicht 3 oder 4 Jahre. Wenn ich die Augen schließe, sehe ich unser Haus von vorn und vor allem unseren Garten. Unseren Garten mit dem Häuschen, was der Vati uns hatte reinbauen lassen. Aus Holz war das, vorn war ein riesengroßer Jasminstrauch, da sind wir immer durchgekrochen und dann in das Häuschen rein. Also es war wunderschön, da haben wir immer drin gespielt. Dann haben wir immer Hochzeit gespielt, sind durch den ganzen Garten gezogen. Ostern haben wir immer gesungen: Ist schon wieder einer gestorben, gestorben, gestorben. Da haben wir hinten jemand getragen, die anderen haben gesungen vorneweg. Solchen Blödsinn haben wir gemacht. Wir waren ja fünf Schwestern, und ich war die zweite Tochter.

Es gibt gute Erinnerungen, vor allem mit unserer Köchin, die die Wäsche gemacht hat und gekocht hat. Also gerade Weihnachten durfte niemand rein, da durfte niemand in die Küche. Die war ganz penibel. Wenn sie eingedeckt hatte am Tisch, und wir saßen schon am Tisch, und sie kam dann mit dem Essen, da haben wir alle fünf mit den Fingern auf den Tellern drauf rumgerührt, weil sie so penibel war, das haben wir dann extra gemacht. Wir waren ein bürgerlicher Haushalt mit strengen Sitten. Mein Vater war Offizier und meine Mutter Lehrerin.

An den letzten Urlaub von Vati kann ich mich erinnern, als er von der Front kam. Sonst kann ich mich an meinen Vati überhaupt nicht erinnern.

Ich weiß bloß, das habe ich ganz blass vor Augen, dass Mutti und Vati ganz liebevoll miteinander umgegangen sind. Das weiß ich. Aber sonst ...

Ich weiß auch, dass mein Vati groß war und ein sehr schöner Mann. Er war wirklich eine Erscheinung. Das hat sich vor allem geprägt bei mir durch die Bilder, die wir haben. Da haben wir nicht viel, aber da war er in Uniform. Aber du siehst es am Gesicht, und die Mutti sagt, er war wirklich eine Erscheinung. Der hatte ja auch eine gehobene Stellung, ja, ja, und hatte auch Freunde wie den Arzt und die Jäger.

Mein Vati hat aber gewusst, dass der Krieg verloren geht, war Offizier, er war fanatisch.

Die Mutti sagte immer zu mir, dass ich das geerbt hätte, genauso bin ich in der Politik, ganz fanatisch. Er war ein großer Hitleranhänger, hat aber dann trotzdem gesagt, der Krieg ist verloren im letzten Urlaub. Der hat die Ahnung gehabt, dass er nicht wieder kommt. Er starb fürs Vaterland, so wie das eben war. Die Männer waren stolz drauf. Ja, er war ein richtiger Fanatiker. Er ist 1944 im März gefallen. Es lag Schnee, es war März, aber es lag noch Schnee. Bei uns lag doch immer so viel Schnee, da konnten wir richtig wie Zimmer aushöhlen, also wunderschön war das. Und ich hatte die Angewohnheit als kleines Kind, mich oft in die Doppelfenster zu setzten. Auf einmal, das sehe ich noch, die Tür geht auf, und die Mutti kommt rein. Und wenn ich mich nicht irre, hatte sie einen grünen Mantel an, und weinte ganz sehr und hinter ihr Leute. Und da haben wir nun gemerkt, dass was ganz Schlimmes passiert ist. Da hat sie eben gesagt, dass sie die Nachricht gekriegt hat, dass der Vati gefallen ist. Es war bei Witepsk, das war doch damals ein Begriff, war ein ganz schwerer Angriff.

Die Mutti hat gewusst, dass er gefallen ist. Das gibt es ja, diese Übertragungen, die telepathischen. Sie hielt Unterricht, und auf einmal war ein ganz komisches Gefühl in ihr, und sie hat gewusst, es ist was passiert. Das hat sie erzählt. Wir haben dann den Trauerflor gekriegt. Und da war ich ganz stolz, ganz stolz. Da bin ich ein bissel über den Markt gelaufen, dass es auch alle sahen, dass ich eine schwarze Binde trage. Wie man so als Kind ist. Ich kann nicht sagen, ob ich sehr getrauert habe oder geweint. Wir werden mit der Mutti mitgeweint haben, alle, ist doch klar, das auf alle Fälle, aber, und ich bin da auch ganz ehrlich, ich glaube, ich habe nie einen Vater vermisst.

Es gibt noch eine Erinnerung aus dem Krieg, die ist ganz, ganz traurig. Da saß ich auch wieder im Doppelfenster, es war im Frühjahr, es war ein hässlicher Tag, und das muss auch 1945 gewesen sein. Da haben die bei uns durch die Straße KZ-ler durchgeschickt, Frauen. Die hatten ja nur Lumpen an, und dann diese Hunde, die scharfen Hunde und die SS neben denen.

Wir haben ja nicht gewusst, was SS ist, aber heute weiß ich das. Für mich waren es damals Soldaten. Es sind welche zusammengebrochen, da haben die auf sie eingeschlagen. Oh Gott. Das ist eine ganz scharfe Erinnerung. Ganz schlimm bei mir. Ich seh das noch, die Frauen, ganz dünn und abgemerkelt, und wirklich nur in diesen grauen Lumpen. Und das war doch so kalt. Und die Hunde, die großen Schäferhunde daneben. Ja, und ich weiß bloß, die Mutti war ganz erschüttert. Wir haben das von den KZs nicht gewusst.

Und die Erinnerungen an das Kindermädchen und die Köchin, die sind auch sehr rege. Das Kindermädchen, die Resi, die war ganz lieb. Wenn man sich das überlegt, das war überhaupt nichts weiter, da war im Wohnzimmer so an der Wand eine Puppenstube aufgebaut, da hat die mit uns gespielt. Und das hat mir so gefallen, jeden Tag im Grunde genommen das Gleiche. Wann erfreuen sich die Kinder heute an irgendwas?

Ich weiß bloß noch, dass die Mutti jeden heiligen Abend ganz sehr geweint hat. Und da haben wir alle mitgeheult. Ich hatte schon wochenlang immer Angst vor dem Heiligen Abend. Wenn die Mutti immer anfing zu weinen, und da habe ich mal gesagt: „Mutti, wär das mal möglich, dass du Heilig Abend nicht weinst?" Da lächelt sie mich so an und sagt, ist gut mein Kind, und da hat sie auch nicht mehr geweint.

Ich kann mich nicht erinnern, dass der Krieg mich als Kind belastet hat, mir war nicht klar, dass was Schlimmes in der Welt passiert, jedenfalls nicht, als wir noch Zuhause waren. Nein, da sind wir auch gar nicht so erzogen worden. Die haben ja auch bis zuletzt an den Sieg geglaubt, auch die Mutti.

Dann kam die Vertreibung, da wurde alles anders. Im Juli mussten wir raus. Wir mussten innerhalb von 20 Minuten raus. Die Mutti stand mit mir vorm Kleiderschrank. Es war ein ganz heißer Tag. Sie sagte: „Was zieh ich euch bloß an?" Wir haben viele Sachen übereinander gezogen, damit wir viel mitnehmen konnten. Es war ganz schlimm, wir mussten uns dann alle auf dem Marktplatz sammeln, es waren ja viele, viele Menschen. Dann haben die uns verladen, ich glaube in Waggons. Und dann haben die uns abgesetzt an der Grenze, und es konnte jeder laufen, wohin er wollte. Auf die deutsche Seite sozusagen. Alle Sachen, die wir eingepackt hatten, haben wir dann unterwegs weggeschmissen in den Graben, weil wir gar nicht mehr die Kraft hatten, wir Kinder. Wir sind dann wirklich nur noch mit dem, was wir auf dem Leib hatten, gelaufen. Und das Kleinste im Kinderwagen. Ja. Die Mutti mit uns fünf Kindern!

Die Mutti und noch eine Frau, die haben sie dann immer vornweg geschickt ins Dorf, ob wir dort irgendwie unterkommen können über Nacht in einer Scheune oder in einem großen Saal. Wir liefen in einer Gruppe. Die zwei vornweg haben ausspioniert, ob es möglich ist, dass wir dort übernachten können. Wir haben ja nur in Ställen übernachtet, in großen Sälen oder in Scheunen, nur an der Wand gelegen, irgendwie hingesetzt oder hingelegt. Es gab ja gar nichts, wo wir uns hätten drauf legen können, nichts. Und dann haben wir ja direkt gebettelt, wir sind direkt betteln gegangen. Meistens haben wir gar nichts gekriegt. Meistens haben sie uns von großen Bauerngehöften mit Hunden weggejagt.

Einmal sind wir verladen worden, auch wieder in Viehwaggons und meine Schwester war weg. Ich glaube, die Züge sind schon gefahren, wir waren ja nun klein und die großen Menschen neben uns, da bist du ja bald zerquetscht worden als Kind.

Und auf einmal merkt die Mutti, dass unsere Schwester nicht da ist. An der nächsten Station raus und da hat sie sie gefunden. Das vergesse ich nie. Wie wir alle glücklich waren, dass wir sie wieder hatten. Und dann war ein ganz schweres Gewitter. Da hat die Mutti uns an die Wand gelegt, richtig an die Wand. Sie hat laut gebetet: „Lieber Gott, lass den Blitz einschlagen, dass wir alle tot sind." Wie verzweifelt sie war! Die Blitze gehen immer an der Wand entlang, aber es schlug eben kein Blitz ein. Und es hat auch keiner von uns dann dort irgendwie geweint. Ich nehme an, wir haben das alles für richtig gehalten. Es ging uns ja ganz dreckig, ganz dreckig.

Es war das Schlimmste für mich, der Hunger und das Frieren. Das habe ich heute noch, ich habe heute noch einen Tick. Wenn ich Kinder sehe, und sie sind so schön warm angezogen, wie mit den Kosmonautenanzügen, bin ich immer so glücklich, und die festen Schuhe. Was haben wir gefroren! Das sitzt heute noch in mir, der Hunger. Ich war richtig gelb im Gesicht, richtig ausgemergelt. Ich hatte ja nur Hunger! Nur Hunger, und es war ja nichts da. Und gefroren, was haben wir gefroren!!

Nach vielen Wochen haben wir mal Station gemacht in einem Gasthof, und dort durften wir baden. Nach den vielen Wochen konnten wir uns mal waschen und baden. Möchte nicht wissen, wie wir gestunken haben. Dann wurden wir verteilt, wir kamen in den Gasthofsaal mit vielen Leuten. Und dann kam der ganz, ganz kalte Winter. Dort haben wir gefroren. Und dort auf dem Saal im Gasthof, das war ganz schlimm, da haben wir ja auch bloß auf Stroh gelegen. Und dann sagte meine Schwester: „Mutti, bei mir raschelt es so unterm Stroh." Da hatte eine Maus geheckt, da waren kleine Mäuse in der Matratze gewesen.

Jedenfalls sind wir in diesem Ort geblieben, weil wir alle erschöpft waren vom Laufen. Der erste Winter war schrecklich kalt. Meine große Schwester und ich mussten Holz holen im Wald. Die Bäume haben wir dann im Wald zersägt, und das Holz nützte uns gar nichts, es war noch ganz nass. In der Wohnung dann gesägt und enttäuscht gewesen, dass es nicht brannte.

Was hat man alles gemacht. Dann haben wir Mohn gesammelt, die Mutti hat dann im Garten bisschen Mohn angebaut. Wir sind Kilometer zu einer Öl-mühle gelaufen, einer Mohnmühle, dass wir ein bisschen Öl hatten. Wir be-kamen von fremden Leuten einen Tipp, dort und dort hält ein Güterzug, da steigt jemand ab, da kriegen wir ein kleines Säckel mit Körnern. Da bin ich mit der Mutti hin.

In diesem Winter, da war das Eis so dick wie die Finger an der Wand. Oh, ha-ben wir gefroren. Und Mäuse! Am Tag haben wir Mäusefallen aufgestellt. Was haben wir dort für Mäuse gefangen!

Arm habe ich mich nicht gefühlt, weil eigentlich alle arm waren dort, auch die Einheimischen. Und die Großbauernkinder, sahen auch nicht anders aus als wir. Ich glaube, ich war doch sehr unkompliziert.

Später sind wir eingeschult worden, die Dorfkinder haben uns gut aufgenom-men.

Mich hat das bloß dann immer sehr, sehr belastet, wenn wir irgendwie Klas-senfahrten hatten oder einen Wandertag und wir wohin fahren konnten, und die Mutti konnte uns das Geld nicht geben. Das hat dann immer mein Klassenlehrer bezahlt.

Wenn wir normal Wandertag hatten, das war immer schön. Da hat die Mutti uns immer Kartoffelsalat gemacht. Es kriegte jeder so ein Schraubglas und noch ein gekochtes Ei dazu.

Das war immer schön, die Wandertage. Da sind wir bloß in die Umgebung. Die Mutti hat sich verdingt bei den Bauern. Dort hat sie sich kaputt gemacht mit ihrem Herz. Oh Gott, sie war das doch gar nicht gewöhnt. Ich hatte keine Sehnsucht nach der Heimat. Ist das Normal? Daran hatte auch die Mutti großen Anteil. Sie hat in der Richtung auch nie gejammert. Dann hat sie uns immer so herrliche Märchen erzählt, vom Himbeerkönig und von der Stachelliesel. Sie hat uns viel erzählt. Es waren ja viele Abende ohne Licht. Da hat sie uns Märchen erzählt, alle selbst erfunden. Wir haben auch viel gesungen abends. Viel, viel gesungen. Und das hat auch was von Geborgenheit, nicht wahr, wenn man so Zeit hat miteinander. Wir haben zusammengehalten, alle. Ich hatte kein Heimweh, aber meine große Schwester sehr, bis heute. Ich war robust, und der neue Ort hat mir gefallen. Ich war immer unterwegs im Wald mit anderen Kindern.

Wir hatten oft Würmer und Wanzen. Ach, und die Mutti, um Gottes Willen! Und ich sagte, Mutti wenn wir die totmachen erst mal. Und wenn wir doch mal eine erwischten, die stanken schrecklich, so viele Wanzen. Da haben wir dann den Kammerjäger kommen lassen.

Aber von der Mutti wollten wir nicht weg. Einmal hat uns eine Frau aufgenommen, gleich von nebenan. Wir bekamen warme Milch und Brot. Aber wir hatten Heimweh nach der Mutti, obwohl es nur 100 m entfernt war. Rotz und Wasser geheult und nachts gleich wieder ausgerissen. Und wir waren froh, dass wir unsere Mutti hatten. Da haben wir eben lieber auf dem harten Boden geschlafen.

Erst viel später sind mir die Gedanken gekommen, was die Mutti geleistet hat. Und die Mutti hat nie gejammert. Wie dreckig es uns ging in dieser Zeit. Nur die Holzpantinen, die Strümpfe, so ein Leibchen bloß, ach was haben wir gefroren. Und trotzdem warn wir Schlitten fahren.

Ich wäre gern Krankenschwester geworden oder was mit Tieren, und dann später sogar Kinderkrankenschwester. Das war immer ein Wunsch. Und dann später Psychologie, aber es war ja so eine verrückte Zeit mit den Lehrstellen. Der ganze Kommunismus hat mich nicht gestört. Weil wir dann wirklich, sobald die Schule losging, die Russen als Freunde hatten. Es wurde uns gesagt, dass eben Hitler den Krieg angefangen hat. Und ich hab mich dafür sowieso immer interessiert für solche Sachen. Und das habe ich auch alles für bare Münze genommen damals.

Und die Erziehung in der Schule, die war ja gleich sozialistisch. Gleich 1945 ging das los. China und UdSSR waren auf einer Stufe. Mao Tse Tung war ja unser Vorbild damals noch. Ich weiß noch, Wilhelm Pieck habe ich verehrt. Ja, der war der erste Präsident, der 1949 eingesetzt worden ist. Und der war auch gütig, wenn sie den so gesehen haben ... Und dann bin ich irgendwann zu den Jungpionieren gegangen, gleich sobald es losging. Ganz stolz habe ich das Halstuch getragen. In den Jahren haben wir noch tüchtig gehungert, aber wo wir dann das Zeug aus dem Westen hatten, ging es uns dann nicht mehr so schlecht. Eine Verwandte von der Mutti schickte uns immer Zeug.

1950 bekamen wir eine Wohnung in einem enteigneten Rittergut. Auf Teilzahlung haben wir da das Wohnzimmer und die Küche gekauft und auch unsere Betten. Richtige Betten, aber weiß gestrichen. Das waren richtige normale Betten. Das war ein Glück für uns, das fühle ich heute noch. Und die Mutti ein richtiges komplettes Schlafzimmer. Wohnzimmer richtig schön mit Polstermöbel und Schrank, wie das so früher war. Eben vieles auf Teilzahlung. Da war das ja mit den Zinsen noch gar nicht. Zwei Prozent oder so. Ganz, ganz wenig. Das war eben die DDR-Bank.

In der Schule hatte ich einen Lehrer, den habe ich sehr verehrt. Das war, ich würde sagen, das war siebentes Schuljahr, denk ich. Ja. Wir waren mit dem viel unterwegs, ach Gott, was waren wir unterwegs. Es war immer schön. Das war ein junger Lehrer. Ja, bloß paar Jahre älter als wir. Den haben wir alle gerne gehabt, alle. Solche Lehrer, solche Lehrer gibt es nicht mehr. Wie der war! Und wir waren viel auf Reise, Wanderschaften, geangelt, Sport gemacht – al-

les in der Pioniergruppe und später FDJ ...

Wir waren auch religiös. Aber die Mutti war nicht fanatisch. Die hat also nicht darauf geachtet, dass wir jeden Abend beten. Wir sollten bloß ab und zu mal in die Kirche gehen, das haben wir auch gemacht. Dann so aller viertel oder halben Jahre mal zur Beichte. Ja, was hatte man denn für Sünden? „Ich habe die Mutti geärgert", schrieb ich drauf, das war alles. Da, wo wir in den Wald gingen, war links so eine Abfallgrube, da wurde alles reingeworfen, da flatterten meine Sündenzettel rum. Solcher Mist! Zur Kommunion waren wir so schick angezogen, und da hatte die Mutti alles aus dem Westen gekriegt. Die Schuhe, die waren braun mit Kreppsohle, und die schönen weißen Kniestrümpfe. Und jeder das gleiche Kleid und die Kerze, und da bin ich ganz stolz durch die Kirche. Aber zu dieser Religion habe ich nie wirklich eine Beziehung aufgebaut, nicht wirklich, ich bin mit 14 Jahren aus der Kirche ausgetreten.

Ich war sehr gerne Pionier und FDJ-lerin. Und als ich eine Lehre anfangen sollte nach acht Schuljahren, das war damals so, da gab es nur Werkzeugmacher oder Dreher oder Fräser. Und da habe ich dann Werkzeugmacher gelernt. Ich habe es auch nicht bereut.

Meine Jugendliebe hatte ich mit Fünfzehn. Sex hatte ich vielleicht mit ihm, als ich Siebzehn war, aber ich kann mich nicht mehr erinnern an das erste Mal, komisch.

Als ich die Lehre anfing, da war ich 14, da war ich noch schlank. Mich haben sie die Lange genannt in der Lehrwerkstatt. Ich war groß und schlank, habe Latzhosen getragen, und ich habe von Woche zu Woche zugenommen mit einem Schlag. Und da ist die Mutti mit mir zu Ärzten gegangen, aber keiner konnte mir helfen. Das hat mich sehr belastet, das Dickwerden. Also ganz, ganz sehr. Es hat aber nie jemand mal anzüglich darüber geredet oder Bemerkungen gemacht. Nicht einmal. Weil ich eben einen gewissen Stand hatte im Betrieb, und das klappte alles. Ich hatte keine Probleme. Weil ich eben auch selbstbewusst gewesen bin. Jetzt ja nicht mehr.

Wenn Versammlung war im Betrieb, musste ich vor der gesamten Belegschaft reden. Ob da 500 Leute im Saal waren, oder 100, ich habe eben aus dem Kopf gesprochen, das hat mir nichts ausgemacht.

Ja ich war, heute würde man sagen, Personalchef, so was habe ich dort gemacht. Ich war erst Brigadier, dann war ich Meister in einer großen Abteilung, da waren über 100 Leute, und dann haben die mich eben in die Abteilung geholt, das hat mir sehr, sehr großen Spaß gemacht. Ganz eng mit dem Betriebsrat zusammengearbeitet, wir hatten ein sehr gutes Verhältnis, das klappte ganz ausgezeichnet. Und ich war auch in der Partei. Die haben immer gesagt, du bist ja 300%ig. Und ich hätte für die Sache mir bald den Kopf abreißen lassen. Also, ich bin ja heute noch davon überzeugt. Ich bin also nicht so eine gewesen, die Wende kam, und dann sofort alles aufgeben. Ich bin heute noch in der PDS. Man musste schon bestimmte Ideale haben. Ich war auch mit Einigem nicht einverstanden, aber der Fehler war allgemein: Man hat nichts gesagt.

Wenn man sich da geäußert hätte, die Bedenken, die man so hatte. Das konnte man sich gar nicht erlauben. So war das eben damals. Niemand konnte sich's erlauben.

Wir haben stundenlang, tagelang mit Leuten gesprochen, die für die Partei zu gewinnen, wo ich gewusst habe, das ist sinnlos. Immer wieder wurden die geholt, immer wieder geholt und unter Druck gesetzt. Was hätten uns solche Leute gebracht? Gar nichts. Das waren auch Dinge, die ich nicht verstanden habe. Aber ich habe immer den Mund gehalten. Ja, aber so waren sie doch alle, wir haben doch alle unseren Mund gehalten. Und ich habe nie, und da bin ich auch heute froh, nie irgendwelche Vorteile gehabt. Und ich war wirklich ein Funktionär, der irgendwas zu sagen hatte. Ich war zweimal zum Parteitag hintereinander, ja, also das bedeutet schon was. Und ich war zu Bezirksdelegiertenkonferenzen von der Partei aus. Ich war ja auch auf Schule von der FDJ und auf Parteischulen. Und richtig begeistert! Ich war voll von der Sache überzeugt. Schon als Kind. Mich hat niemand gefragt, willst du Genosse werden. Ich bin alleine gegangen und habe gesagt, ich möchte aufgenommen werden in die Partei. Da war ich noch nicht mal 18. Ich war davon überzeugt, dass unsere Sache richtig ist.

Habe ja nie geheiratet. Warum ich nie geheiratet habe? Vielleicht hat es doch damit zu tun mit dem Dicksein. Ich weiß nicht. Ich hatte Hemmungen. Also es ist nicht so, dass ich da so als Einsiedlerkrebs gelebt habe. Ich habe mein Leben schon gelebt. Und heute bin ich froh, dass ich keine Familie hab. Ja. Man weiß nicht, was geworden wäre. Können sie dafür garantieren, dass ein Mann bei einem bleibt, wenn man so gestellt ist? Nein!

Ich bin ja nicht alleine. Es sind viele für mich da. Und im Grunde genommen sind die Verheirateten viel einsamer. Das stimmt, ich höre es von vielen Frauen. Nein, ich bereue es nicht.

Hatte dann mehr nur sexuelle Kontakte, ja, nur so leben und überall viele Freunde und Bekannte haben. Das hat mir gereicht. Ich war keine Kostverächterin.

Meine Arbeit war mein ein und alles, ich habe mich jeden Tag gefreut, zum Dienst zu gehen. Mir hat die Arbeit Freude gemacht, da war Anerkennung und so.

Männer habe ich geliebt, immer. Das war, wo ich noch in der Produktion war, da hatte ich einen Geliebten. Und wir sind lange zusammen gewesen. Es war mir klar, dass irgendwann Schluss ist, weil er ja verheiratet war. Aber eine lange Episode war's und schön. „Keine Liebe kann brennen so heiß, wie eine heimliche Liebe, von der niemand was weiß." Wir waren jeden Tag im Betrieb, und keiner hat das mitgekriegt. Wenn die das gewusst hätten, hätte ich den Posten nicht gekriegt, den ich dann hatte.

Dann wurde ich sehr krank. Ich habe eine Psychotherapie angefangen, und es war eine schöne Zeit. Ich weiß auch nicht, wie sich das ergeben hat. Und da habe ich den Joachim kennengelernt. Ja, na ja, der gefiel mir, was heißt gefiel, der war so zurückhaltend. Er war ja Lehrer. Ja, die Zeit war schön mit ihm.

Das war eine starke Liebe. Und vor allem habe ich da erst mal wirklich kennengelernt, was Liebe sein kann. Der hat mir Zeit gelassen in allem, der hatte ein Gespür für so was. Für den Körper. Es ging so vier Jahre mit ihm. Wir haben zusammen gewohnt. Er war ein guter Liebhaber. Um einen Orgasmus kriegen zu können, muss man sich fallen lassen können als Frau, ja, das muss man.

Der hat immer gut gekocht, und wenn ich nach Hause kam von Arbeit, stand der Kaffee schon auf dem Tisch. Aber er war eben labil, der hat viel getrunken. Der trank keinen Schnaps, aber Bier. Er trank mir dann zu viel, und ich wurde immer kränker. Konnte kaum noch laufen. Und da war ich irgendwie froh, als er fort ging. Ich hab zwar sehr gelitten, ganz sehr, als er gegangen ist, aber ich war auch froh, dass es sich so ergeben hat.

Das konnte niemand verstehen. Aber Hüfte und Beine waren kaputt, und Joachim musste mir die Strumpfhosen anziehen. Als die OP abgelehnt wurde, war er eines Tages verschwunden.

Aber die Zeit mit ihm war wirklich schön. Er hat direkt gesagt, ich verkrafte das nicht, wenn du krank wirst. Ich verkrafte das nicht.

Und er hat auch gesagt, ich werde nie ne Frau wieder so lieben wie dich, und ich habe überhaupt noch nie eine Frau so geliebt wie dich. Und da hat er noch zu mir gesagt, so wie du zu mir warst, wie du dich um mich gekümmert hast und mich verwöhnt hast, das wird nie wieder ne Frau machen. Vielleicht wäre er auch wieder zurückgekommen. Ich wollte es nicht.

Ich wurde bald Invalidenrentnerin. Ich möchte wissen, ob er noch lebt. Vielleicht lebt er gar nicht mehr. Damals war ich 39 Jahre alt und konnte einfach nicht mehr laufen. Das schlimmste war, dass ich meine Arbeit verloren habe. Sie war mein Leben und meine Bestätigung.

Von da an bin ich im Grunde von einem Krankenhaus und von einem Arzt zum anderen.

Das war die Zeit, wo ich über 9 Jahre auf allen Vieren gekrochen bin, ich konnte ja überhaupt nicht mehr sitzen, so schlimm war das mit mir.

Die Wende war für mich ein Schock. Bin ja noch in der PDS, kann und will die Ideale nicht aufgeben, einfach so wie die anderen. Ich hasse diese ganzen Politiker, wie die reden.

Aber ich bin ja so krank und will mich nicht aufregen.

Also einsam bin ich nicht, und ich bin ganz glücklich in der Wohnung. Ich fühl mich ganz, ganz wohl hier. Hier ist es sehr schön.

Mein größter Wunsch, das sind jetzt Wünsche, die nicht in Erfüllung gehen. Mein größter Wunsch ist schon immer, dass ich irgendwie mal ins Gebirge komme, in die Alpen, aber unten, nicht hoch, wo die schönen Häuser sind. Oder mal auf so eine Alm. Ich kann gar nicht sagen, was ich da empfinde, das möchte ich so gerne mal erleben. Ich wäre schon ganz glücklich, wenn ich nur mal in einen Wald käme, schon nach Thüringen oder ins Erzgebirge.

Ich weiß, dass der Tod genau so zum Leben gehört wie die Geburt. Ich kann es nicht akzeptieren, ich kann es einfach nicht akzeptieren, dass der Tod zum Leben gehört. Ich weiß nicht. Ich wünsche mir, dass ich kein Pflegefall werde und dass ich nie in ein Pflegeheim komme, sondern dass ich solange, bis es dann wirklich nicht mehr geht, hier noch versorgt werden kann. Pflege kann man eigentlich nur von fremden Leuten verlangen ...

Ich werde gut versorgt, jeden Tag eine andere Therapie. Also ich muss sagen, verheiratete Leute sind oft einsamer, die hocken zu zweit und haben sich nichts mehr zu sagen.

Also ich liebe vor allem meine Blumen, die Sträuße hier drin und alle Pflanzen auf dem Balkon. Wo es mir so schlecht ging, hatte ich ja so viele Narzissen, manchmal so 60 Stück. Das kann ich gar nicht sagen, was die mir gegeben haben die Blumen.

Ich liebe zum Beispiel mein Frühstück und wenn ich dann hier sitze, dann freue ich mich über meine Wohnung, und dann bin ich ganz glücklich.

Oder so einen Tagesrhythmus, abends vielleicht Fernsehen zu gucken oder sich hinzulegen in der Nacht.

Ich erfreu mich an Kleinigkeiten. Ich wüsste genau, wenn ich raus könnt in die Natur, ich würde mich über jedes Gänseblümchen freuen, über alles, jede Rose streicheln und riechen. Da tut sich richtig was auf bei mir hier am Herzen. An solchen kleinen Sachen kann ich mich ganz, ganz sehr erfreuen.

Das Leben besteht oft aus den kleinen Dingen. Das braucht gar nichts Großes sein.

Schönes Essen ist für mich ein Hochgenuss, aber einfaches Essen, mit einfachen Gewürzen.

Ich glaube, eine der wichtigsten Erfahrungen im Leben ist Sinneslust. Ja, das gehört mit dazu. Und das Essen ist wichtig bei mir.

Es gibt einen heimlichen Wunsch, dass bei mir mal der Pizza-Mann klingelt, ich möchte gerne mal, dass ich vom Pizza-Mann eine Pizza entgegennehme. Das muss ich mal machen. Muss ich mal eine Adresse raussuchen, gibt es ja bestimmt. Das sehe ich manchmal in den Filmen.

Und was mir noch zum Glück fehlen würde, das wäre eine Katze.

Irmelin

„In der Krise liegt die Chance"

Irmelin ist 67 Jahre alt und Malerin. Sie aquarelliert hauptsächlich Stillleben, die durch ihre feinsinnige Art und eine besondere Wahrnehmung anrühren.
Sie hat Multiple Sklerose, eine Krankheit, die fortschreitet und ihr die Körperfunktionen nimmt. Aber sie malt und lebt in einer kleinen, warmherzig eingerichteten Wohnung einer sächsischen Großstadt, die sie kaum verlassen kann. Von Zeit zu Zeit fährt sie mit dem Rolli bis in ihren geliebten Garten, den ihr fremde Leute helfen zu erhalten. Dort pflückt sie ihre Blumensträuße für die Motive auf ihren Bildern. Sie hat eine Tochter und einen Sohn, beide erwachsen, und ist geschieden. Ihr Leben findet hauptsächlich in ihrer Ecke statt, wo sie still wird und malt, eben Stillleben.

Ich bin 1942 geboren.

Es war die schlechte Zeit nach dem Krieg, und wir hatten nichts zu essen. Mein Vater arbeitete damals im Gaswerk, das bedeutete, dass er Koks hatte, gutes Heizmaterial, womit er den Bäcker belieferte. Dafür bekamen wir Brot. Im Garten stand ein Kirschbaum, meine Mutter machte daraus Marmelade. Ich sehe mich als Kind, ca. vier Jahre, mit einer großen Marmeladenschnitte im Garten sitzen. Genüsslich esse ich die Schnitte vor den anderen Kindern. Ich habe mich im Grunde geweitet an ihrem Neid, denn alle guckten begehrlich auf das Brot und meinen Mund.

Später haben sie es mir heimgezahlt. Es gab Apfelbäume im Garten der Nachbarn, die geplündert wurden von den großen Jungen. Ich stand mit einer großen Tasche als kleines Mädchen da und wollte auch Äpfel haben. Doch sie legten mir von ihrer reichlichen Ausbeute nur einen einzigen Apfel in meine große Tasche. Mir war bewusst, dass sie sich jetzt rächen.

Was mir aus diesen schweren Zeiten geblieben ist, sind tiefe Sinneswahrnehmungen, weil es ja nichts gab. Mein Vater besorgte immer Zuckerrüben, daraus kochte die Mutter Sirup. Dieser herrliche Geruch! Solch einen Duft gibt es heute nicht mehr. Ich rieche ihn auch jetzt noch, wenn ich darüber rede.

Bohnerwachs ist auch so ein Thema, weil es am Wohnhaus eine Malzfabrik gab. Alle Leute vermuteten, dass dort Lebensmittel lagern. Eines Tages stürmten die Männer diese Fabrik, und was brachten sie mit – Bohnerwachs! Bei uns gab es dann diese Büchsen mit dem Wichsmädel. Wir hatten also jetzt Bohnerwachs in reichlicher Menge, damit haben wir getauscht.

1945 gab es den großen Bombenangriff. Ich hatte den ganzen Tag Ohrenschmerzen gehabt. Mein Bettchen stand in der Küche. Nach den langen Schmerzen war ich gerade eingeschlafen, so jedenfalls erkläre ich es mir. In der Nacht kamen die Flieger, ich wurde wach und sah draußen alles hell erleuchtet wie in Flammen. Ich habe geschrien, meine Eltern waren schon im Luftschutzkeller. Sie sind gekommen und haben mich geholt. Warum sie mich oben in der Küche gelassen haben, kann ich mir nicht erklären, das ist schon komisch.

Vater hatte auch ein kleines Kartoffelfeld. Wir haben deshalb nicht gehungert, weil er so fischelant war. Aber am meisten haben mich die Kornblumen begeistert, die am Feld wuchsen, rote, gelbe und blaue. So bin ich ja heute noch. Einmal gab es Schwierigkeiten mit dem Essen. Ich wollte das, was meine Mutter gekocht hatte, nicht essen. Sie sagte, dass es dann ein anderer bekommt. In diesem Augenblick klingelte es, und an der Tür stand ein Bettler, der bekam mein Essen. Und ich war fassungslos, wie der mein Essen in sich hineinschlang.

Mein Vater ist kurz vor Kriegsende noch eingezogen wurden und ist aber desertiert. Hat schlimme Sachen erlebt, aber ist heil zurückgekehrt. Hat höchst gefährliche Sachen erlebt, aber nie darüber gesprochen. Er war ein sehr schweigsamer Mensch. Mein Sohn hat es von ihm geerbt. Auch die handwerklichen Gaben und die leichte Rechtschreibeschwäche, aber auch den schönen Hinterkopf. Als ich schwanger war, habe ich mir einen Sohn gewünscht, der so wird wie mein Vater.

Mein Vater kam aus einer armen Familie, der Großvater hatte einen fliegenden Buchhandel.

Die vielen Geschwister meines Vaters habe ich erst vor zwei Jahren kennengelernt bei einem Familientreffen. Da habe ich jetzt plötzlich eine große schöne Familie, und das im vorgerückten Alter.

Mein Vater wollte den Kontakt nicht, war so für sich, ein Einzelgänger.

Meine Mutter war in einem kommunistischen Künstlerverein. Darüber wurde nie gesprochen, es war zu der Zeit sehr gefährlich. Ihre Gabe habe ich geerbt, das Malen, das Zeichnerische.

Meine Mutter ist früh gestorben, da war ich fünf Jahre. Das war für mich sehr schlimm. Ich wurde frech wie ein Lausejunge, war den ganzen Tag alleine und musste mich verteidigen, weil mein Vater arbeiten ging. Ehe meine Mutter starb, war sie sehr krank. Ein Schlaganfall machte sie blind, mit 40 starb sie. Aber was sie wirklich hatte, weiß ich nicht.

Meine Mutti hat mir zum Geburtstag immer einen Kranzkuchen gebacken, das war so wichtig für mich und prägend. Das werde ich nie vergessen.

Ich bekam eine Stiefmutter, die Freundin meiner Mutter. Sie hatte nie Kinder und hat mich nicht verstanden, sie war pädagogisch. Ich hatte nie Selbstbewusstsein, das hat sie mir ausgetrieben mit ihrer strengen Erziehung. Ich konnte mir manches Wort nicht merken, wurde dann aufs Fensterbrett gesetzt, und ich musste dann die Worte hersagen, immer wieder. Ich konnte es schon vor Angst nicht, habe immer wieder versagt. Ein Kind braucht Liebe und keinen Druck. Für ein Menschenkind ist es schlimm, wenn die Mutter wegfällt. Ich konnte auch nicht nach meiner Mutter fragen, sie gab es nicht mehr in der Familie. Mein Vater schwieg, die Stiefmutter wagte ich nicht zu fragen. Es gibt kein Bild, nichts. Ich möchte so gerne mehr von meiner Mutter wissen, aber ich weiß nicht, wo ich da ansetzen soll. Meine Mutter hatte so schöne Bettwäsche und Kleider, sie hatte sehr viel Sinn für schöne Dinge. Meine Tochter hat ja auch die Gabe des Malens und Zeichnens, also die weibliche Linie hat das geerbt.

Meine Stiefmutter war ganz anders. Musste immer Bedingungen erfüllen, um geliebt zu werden. Ich machte alles, ging kaum noch zu den Kindern, wurde sehr isoliert dadurch. Mein Vater war arbeiten, der wusste von nichts und stellte auch keine Fragen. Er war froh, dass ich versorgt war. Ich war dieser Frau ausgeliefert. Gefühlsmäßig wurde bei uns nie sich ausgetauscht. Ich fand mich als Kind ziemlich hässlich, blond, Sommersprossen und beizeiten eine Brille. Schrecklich! Da kam dazu, dass man mich oft hänselte.

Aber ich war damals schon sehr auf Düfte und Farben aus. Mein Vater hatte einen Keller. Der war sehr schön eingerichtet. Dort wurden dann immer die Äpfel gelagert. Der Duft war wunderbar, den habe ich heute noch in der Nase. Den Keller habe ich später gezeichnet.

1945 gab es dann Marken, und ich musste zum Bäcker Milch holen. Die ist mir einmal umgekippt, weil ich bei einem Reh stehen blieb. Am nächsten Tag balancierte ich auf Steinen, wieder kippte die Milch aus, sie war so kostbar damals. Dann gab es Ärger, aber ich war ein Kind.

Dann kam die neue Zeit. Mein Vater wurde Agitator und ging in die Partei. Ich ging stolz zu den Pionieren. Ich habe auf jedes Stück Papier gemalt, auch auf weggeworfenes Butterbrotpapier. Eine Lehrerin schickte mich zum Malkurs ins Pionierhaus, aber ich hatte so starke Ängste und Hemmungen, habe alles falsch gemacht. Es war schlimm, konnte mich nicht öffnen. Es hat lange gedauert. Angst ist für mich prägend gewesen, auch beim Studium. Bekam immer die Einschätzung, dass ich viel kann, aber keinen Selbstwert habe. Vielleicht ist dies auch der Grund für meine MS.

In der 8., 9. und 10. Klasse war ich in meinen Geschichtslehrer verliebt. Er hatte einen so schönen Mund. Aber sonst hatte ich keine Jugendliebe.

Als ich mit 12 Jahren meine Tage bekam, hat mich das sehr erschreckt. Ich musste alleine damit fertig werden. Wir redeten ja nicht darüber, die Gefühle wurden in unserer Familie nicht beachtet. Das ist wie ein Leben im Dunkeln. Man lebt nicht, man überlebt.

Mein einziger Halt und meine wichtigste Anerkennung war mein Zeichnen. Die Bilder wurden in der Schule ausgestellt, das war meine einzige Anerkennung. Wenn ich gezeichnet habe, war ich glücklich. Durch meine Sensibilität kam die Begabung. Das wiederum war nicht gut im Leben mit der Stiefmutter. Wollte immer Grafikerin werden, das bin ich ja auch geworden.

Meine Stiefmutter ist gestorben, da war ich 16 Jahre alt. Damals bekam mein Vater in einer Nacht schneeweiße Haare. Das ist verrückt, aber das gibt es wirklich. Er war so erschreckt, dass er wieder alleine war. Durch einen vereiterten Zahn bekam sie eine Blutvergiftung und starb. Zu der Beerdigung habe ich gesungen, so froh war ich, diese Frau los zu sein. Es war keine gute Kindheit mit ihr.

Blieb beim Vater und habe ihm den Haushalt geführt. Er hat nie wieder geheiratet. Bis zu meinem 25. Lebensjahr habe ich bei ihm gewohnt. Wir haben nie wieder über den Tod der Mutter gesprochen, das Thema war wie ausgelöscht. Vater war auch zu sehr mit sich beschäftigt.

Wir hatten auch einen Garten, den habe ich heute noch. Mein geliebter Garten. War sowieso am liebsten auf dem Lande bei Verwandten, die Tiere hatten. Die Landwirtschaft hat mich immer angezogen.

Aber ich lernte Retuscheur in einem großen VEB, einer Druckerei.

Dann habe ich viele Reisen gemacht, was in der DDR so ging, bis an die östlichste Grenze.

Ich war auch in Batumi, Buchara, Taschkent. Was ich dort an Pflanzen gesehen habe, werde ich nie vergessen. Diese Bilder leben tief in mir. Ich war auch am Onegasee, die Häuser dort habe ich gemalt in den alten russischen Städten. Die Kirchen mit den blauen Kuppeln mit goldenen Sternen und die Gesänge der Männer, diese orthodoxen Gesänge. Nach dieser Reise habe ich mich krankschreiben lassen, um malen zu können. All die Eindrücke mussten auf Papier.

In einem meiner Malzirkel habe ich mich in einen 10 Jahre älteren Mann verliebt. Leander. Der wohnte in einer Dachwohnung, das war für mich sehr romantisch. Mein Vater war sehr dagegen, aber in mir war ein Lebensdrang, der mich von ihm wegtrieb. Ich musste raus, ich musste.

Meine erste sexuelle Erfahrung war gut, denn er war ja älter und hatte Erfahrung. Er ließ mir und uns Zeit. Das war gut. Ich war 17, er war 30 Jahre alt. Aber an so einem Manne hängt man. Es war schlimm für mich, als Schluss war. Wir waren ca. zwei Jahre zusammen, haben viel unternommen, wie Bergsteigen. Er war in einem Verein und auch im Chor. Wir haben zusammen gemalt und waren in einem Kreis Gleichgesinnter, das war wunderbar. Dann hat er Schluss gemacht, weil er eine andere hatte. Eine Frau seines Alters, ich war sicher zu kindisch für ihn. Habe lange gebraucht, um das zu verkraften, eben die erste Liebe.

Aber ich habe mich immer wieder verliebt, immer wieder. Die Fähigkeit ist mir immer geblieben. Ich weiß nicht. Zur Liebesfreude kommt ja immer das Liebesleid. Das war bei mir immer ganz schlimm, bin richtig kaputtgegangen. Das hat sich bei mir so ausgewirkt, dass ich einmal Weihnachten Schlaftabletten genommen habe.

Ich habe natürlich auch immer etwas bekommen von den Männern. Bin ja auch eine Künstlerin und immer leicht beeindruckbar gewesen.

Bei meiner ersten Studienbewerbung zur Grafikerin wurde ich abgelehnt. Die stellten mir die Frage, was ich machen würde, wenn es mit der Kunst nicht so gut läuft: kämpfen oder resignieren. Ich antwortete: resignieren. Das war der

Grund für die Ablehnung.

Ich bin nach Hause und habe von Gustav Mahler „Lieder eines fahrenden Gesellen" gehört und geweint und geweint. Dann habe ich weiter gemalt, denn es war ja mein Leben.

Durch eine Frau von der Berliner Illustrierten, die ich auf einer meiner Reisen kennenlernte, habe ich mich in Berlin beworben. Sie war meine Mutmacherin – und es hat geklappt.

Ich konfrontierte meinen Vater mit meinem Weggehen, gegen seinen Willen.

Dort hatte ich einen guten Lehrer, der für solche scheuen Stadthühner wie mich, Provinzpflanzen eben, ein Herz hatte und mich gefördert hat. Dieses Studium war das reinste Glück für mich. Wenn ich an diese Zeit denke, ist das die beste Zeit meines Lebens gewesen. Ohne Verantwortung, jung, frei. Ich konnte machen, was ich wollte. Mein Zimmer kostete 65 Mark, mein Stipendium betrug 175 Mark. Aber ich war so glücklich.

Eines Tages, als es gerade regnete, früh morgens auf dem Weg zur Vorlesung, kam er, Hubertus, mit Regenschirm gelaufen. Und ich habe kess gefragt, ob ich mit drunter dürfte. Das war der Anfang. Er war ganz anders als ich. Er rauchte, konnte nicht sparen, spielte Gitarre, hatte lange Haare. Das alles war sehr interessant. Einmal war ich in seiner Wohnung, eine Honzie, violette Wände, kein bisschen aufgeräumt, und er trug ein Blütenhemd. Das hat mich fasziniert. Er und sein Freund spielten Beatleslieder, ich schmolz. Das Außergewöhnliche hat mich angezogen. Er war ein Träumer. Oft hatte er nichts mehr zu essen, weil sein Stipendium verpulvert war. Ich mütterliche Seele habe ihn mit durchgefüttert. Damals war sein Unvermögen, mit beiden Beinen auf der Erde zu stehen für mich nur anziehend. Der Sex war auch gut mit ihm, jedenfalls was ich damals davon verstand. Ich fand unser Leben aufregend, bunt und lustig. Später, als wir Kinder hatten, war es für mich schwerer, wegen der ganzen Verantwortung.

Wir zogen dann ins Bootshaus zusammen mit Stoni, seinem Freund, der immer Stoneslieder sang. Stoni war ein total schräger Typ. Ich lernte ihn kennen, da war es Nacht. Und er war total nass, weil seine Toilette verstopft war und er mit beiden Armen versucht hatte, die Rohre zu reinigen, mitten in der Nacht. Stoni habe ich immer mit versorgt.

Das Bootshaus war ein Häuschen mit Keller. Oben wohnte der Stoni, vorn unten wohnten Hubertus und ich, hinten eine junge Frau. Hubertus baute aus Gemüsekisten Küchenschränke und malte sie blau an. Wir wohnten nahe der Natur und hörten alle Vögel singen. Wir haben daraus ein Ratespiel gemacht, weil es dort alle möglichen Arten gab. Das Bootshaus war am See. Einmal haben wir durchgehalten, bis in den Oktober hinein, baden zu gehen. Zum Heizen haben wir keine Kohlen bekommen, weil sie ja ewig bestellt werden mussten. Da haben wir welche geklaut aus einem GST-Lager. Mit Kumpels eine Schlange gebildet bis zum Bootshaus und die Eimer weitergereicht. Die Wirtin hieß Irmchen, die war scnuddlig, aber sie hatte ein gutes Herz, sie kochte für die ganzen Freaks. Sie war die Fee von den ganzen Bootshäusern.

Wir haben auch dort geheiratet, weiße Margaritten und ein rotes Kleid, was ich mir selber genäht habe. Nun gab es noch ein Problem. Weil mein Hubertus streng katholisch war, mussten wir auch in die Kirche. Ich bin sowieso mit ihm jeden Sonntag in die Kirche, ihm zuliebe. Eigentlich bin ich ja links orientiert, aber neugierig. Ich wollte immer wissen, was es sonst noch alles gibt, das hat mich interessiert. Habe viel erlebt mit dem Katholischen, viel Schlimmes, aber auch Interessantes. Hubertus hatte eine strenge Mutter, mit Liebe ist er nicht verwöhnt worden.

Jedenfalls bin ich mit meinem roten Kleid und den weißen Margaritten zum Traualtar. Der Kaplan kam dann auch noch mit ins Bootshaus zur Feier. Ich hatte 200 Mark, zu mehr reichte es nicht, aber es hat gereicht, weil Irmchen einen großen Topf Kartoffelsalat gemacht hatte. Jedenfalls waren nur Freunde da, die Eltern wollten wir nicht dabei haben.

Unsere Beziehung ist dann am Alltag gescheitert. Hubertus war eben ein Freak, wollte oder konnte keine Verantwortung tragen. Einmal bekam er ein Angebot als Grafiker für einen Verlag. Aber da hätte er mal früh aufstehen müssen, das war für ihn unmöglich, dabei hatten wir nie Geld.

In den Schwangerschaften war ich am glücklichsten, da ging es mir sehr gut, waren meine besten Zeiten. Aber als dann meine Tochter kam, war ich mit allen Pflichten alleine. Hubertus hatte immer mal eine Depression und legte sich ins Krankenhaus und hatte dort seine Geliebten. So ging alles los. Wir waren beide freiberuflich, ich musste mir ab und an einen Auftrag an Land ziehen. War völlig überlastet mit dem Kind und der Arbeit. Da war ich bei einem Psychologen, der nannte das Weltschmerz. Mein Kind war sehr unruhig, schlief wenig. Später kam ich zur Erholung in ein katholisches Frauenhaus, da wurde ich noch kränker, und meine Tochter erkannte mich nicht mehr.

Ich glaube auch nicht an diesen Gott, wollte dann nichts mehr mit den Katholiken zu tun haben. Für mich ist die Natur die Urmutter und das Göttliche. Und das ist nicht ein Mann, ein Gott, sondern was Weibliches.

Der Mensch bleibt nicht stehen, alles ist Entwicklung. Dass unsere Ehe mal so endet, hätte ich nicht gedacht. Aber der Mensch entwickelt sich, und wir beide haben uns unterschiedlich entwickelt. Dadurch kommen Disharmonien.

Er wollte schon seine Familie, der Hubertus. Weihnachten bastelte er für alle, aber wie dann immer meine Stube aussah, die ich gerade geputzt hatte! Männer merken das nicht so, das Kind im Manne eben. Ich trug die ganze Verantwortung. Alltag war nichts für ihn, aber Katastrophen. Da war er da, mein Katastrophen-Hubert. Wenn was los war, da war er da, auch hilfsbereit. Aber den Garten hatte ich alleine, auch in der Schwangerschaft.

Die freiberufliche Tätigkeit war in der DDR leichter als heute. Wir mussten in den Verband für bildende Künstler, sonst durfte man nicht freischaffend arbeiten. Das bedeutete nochmals Prüfungen ablegen.

Jedenfalls bekam ich mehr Aufträge als mein Mann, was für ihn nicht gut war. Er bekam Minderwertigkeitsgefühle und nahm sich immer mal eine Frau, um bewundert zu werden. Ich fühlte, dass es mit unserer Ehe nicht mehr gut stand. Ich dachte an ein zweites Kind. Ich plante es direkt, es sollte im November geboren werden und ein Sohn werden. So war es dann auch. Ich merkte den Tag meines Eisprungs, ich kannte meinen Körper. Es hat sofort geklappt. Im November 1978 wurde mein Sohn geboren, ich war überglücklich. Aber im Jahre 1982 war unsere Familie schon sehr unglücklich, das Kind hat uns nicht verbunden. 1984 habe ich mich scheiden lassen. Das war schwer. Ich sehe heute noch die Tränen der Kinder, besonders von meinem Sohne, als ich sagte, dass der Papa nicht wiederkommt. Man bleibt doch ein Mensch und auch eine Frau! Wir haben uns trotzdem gesehen, hatten ein gutes Verhältnis, zum Glück. Hubertus hat die Scheidung schweigend hingenommen, so als wäre nichts geschehen, immer war er gut drauf, weiß auch nicht. Hat auch nichts dagegen unternommen.

Habe dann viele Reisen mit den Kindern gemacht, waren sogar mal Weihnachten in der damaligen Sowjetunion.

Mit den künstlerischen Aufträgen wurde es immer besser nach der Scheidung. Mein größter Arbeitgeber war das Hygienemuseum Dresden. Und alle künstlerischen Aufgaben für die Kindergesundheitserziehung gingen über meinen Tisch, wie das Kundiheft und die Faltblättchen, Bastelbögen usw. Dann auch „Die Junge Welt" in Berlin, wie die Hoppelgeschichten, und auch der St. Benno Verlag. Aber dort weigerte ich mich, das Kreuz auf jede Seite zu machen. Diese Arbeiten und Aufträge waren sehr gut für mich und auch für die Familie, die ich ja allein ernährte.

Dann habe ich mich immer mal wieder verliebt, aber alles ging schief. Und alle diese Trennungsgeschichten! Hilfe! Aber von jedem Manne habe ich profitiert.

Vor der Umwelt musste ich mit meinem wechselnden Leben geradestehen. Aber niemand gibt einem etwas, wenn man eine Depression hat. Ich war auf der Suche nach Geborgenheit, aber es war mir nicht vergönnt, sie zu finden.

Meine Freude ist, was zu erschaffen, da bin ich glücklich. Wenn ich male, bin ich immer glücklich. Das sind meine größten Glücksmomente, außer der Geburt meiner Kinder.

Jedenfalls war die Wende ein schmerzlicher Eingriff. Ich bin so was wie ein Wendeopfer.

Über Nacht verlor ich alle Aufträge. War ja freiberuflich und bekam keinen Auftrag, weil es die ja nicht mehr gab. Bekam auch kein Arbeitslosengeld, weil ja die westdeutschen Gesetze griffen und die Künstler in ein soziales Loch fielen. Ich beantragte Sozialhilfe. Das war für mich eine Schande, eine Scham. Ich war vorher eine anerkannte Künstlerin, habe sogar Preise bekommen und stand jetzt mit den anderen armen Schluckern in einer Reihe. Ich fühlte mich abgestürzt, zwar in ein soziales Netz, aber gefangen darin. Ich war 50 Jahre, was hat man dann noch zu erwarten, in einem System wie diesem.

1992 war es dann so katastrophal, dass wir keine Mark mehr hatten und ein großer Auftrag wegfiel, da bekam ich einen Nervenzusammenbruch. Im Krankenhaus diagnostizierten sie dann die Multiple Sklerose. Das war wie mein Ende. Eine furchtbare Diagnose, das weiß ich erst heute. Damals wollte ich die Schwere nicht erkennen, denn ich hatte noch andere Probleme, musste meine Familie durchbringen. Ich ignorierte und kämpfte weiter.

Erst 1995 bekam ich Krankengeld nach schwerem Kampf. Bis dahin bekam ich Sozialhilfe, 314 Mark mit zwei Kindern. Die waren sehr tapfer. Kinder wachsen, wenn sie durch schwere Zeiten müssen ... Ich begriff, dass nur ich mir helfen kann. Ich baute Zirkel auf, zunächst Zeichenzirkel. Bis ich begriff, dass dies zu schwer ist für die Leute. Ich entwickelte das Aquarellieren und bot es wie Unterricht an. Ich lernte den Leuten das Sehen von Farbe und Form. Es kamen viele, und ich wurschtelte mich durch, obwohl die Krankheit fortschritt, Jahr um Jahr.

Dann auf einmal fühlte ich die Heimtücke der Krankheit und wusste, irgendwann wird es nicht mehr gehen. Da begann ich zu malen wie eine Verrückte. Ich aquarellierte Blatt um Blatt, als malte ich gegen die Krankheit an. Dabei lernte ich, immer tiefer zu sehen. Das Wissen um die Dinge des Lebens hat mich angespornt. Ich dachte 2001 würde ich tot sein. Ich hatte ein inneres Bild. Da ist ein Pferdefuhrwerk, das wird kutschiert von einem Mann und einer Frau. Der Wagen sind die Lebensaufgaben, auch die Bürde, darauf sitzen die Kinder. Zu jedem gehört ein Pferd. Manchmal kutschieren wir zu zweit, manchmal nur der Mann, die Frau läuft hinterher, dann umgekehrt. So kommt man durchs Leben. Dann fiel mein Mann weg und sein Pferd, ich kutschierte alleine weiter. Dann fiel mein Pferd aus, die Freude und Kraft, die man durch einen gesunden Körper hat. Ich zog den Wagen mit meinem kranken Körper weiter, mit der eigenen Substanz sozusagen. Ich glaubte nicht, dass ich damit weit komme, aber ich lebe noch.

Es lag auch daran, dass ich einen Mann kennenlernte über eine Anzeige, ein Mathematiker, das gab mir mal wieder Auftrieb, und ich legte mein inneres Bild mit dem Fuhrwerk weg und stellte mich den neuen Herausforderungen. Das Leben schenkt einem immer wieder etwas Neues zur rechten Zeit.

Wenn es mir sehr schwer wird, von Zeit zu Zeit, dann hilft mir reden. Dadurch wird mir alles klarer. Ich suche mir meine Leute, die zuhören. Das heilt und tut mir gut. Auch gerade die Leute aus meinen Zirkeln hören zu, aber auch ich bin eine gute Zuhörerin. Habe auch eine Nachbarin, die hilft mir, und wir reden viel. Ich bin gesegnet. Nur weinen kann ich nicht mehr, die Tränen sind wie eingetrocknet.

Die Krankheit hat mir auch was Gutes gegeben. Ich musste mich ganz stark auf mich konzentrieren und das rausbringen, was mich ausmacht und mir zum Glück geblieben ist.

Meine Gabe wäre sonst vielleicht verzettelt worden. Meine Einschränkung hat

eine neue Möglichkeit gegeben. Ich hätte mich sonst nicht so stark mit dem Malen von Aquarellen beschäftigt. Ich muss sitzen, habe meine Ecke, werde still. Dort stehen meine Flaschen, meine Blumensträuße, ich sehe, betrachte alles sehr lange, bis ich male, Stillleben eben. Mich begeistern die einfachen Dinge immer mehr, auch wenn ich meine Wohnung nicht mehr so oft verlassen kann. Ich sehe tiefer. Den Malzirkel gibt es auch heute noch. Es ist eine Schule des Sehens geworden. Wenn ich mit den Leuten zusammen komme, sagen sie mir sehr oft, dass sie nur durch mich die kleinen Dinge sehen gelernt haben, die kleinen Tierchen, Käfer und Insekten zum Beispiel. Das macht mich schon sehr glücklich.

Ich meine die Welt um mich herum ist bunt, sie kommt auch zu mir. Aber ich habe zu mir selbst gefunden und möchte gar nicht mehr reisen. Es gibt Leute, die sind direkt neidisch auf mich, weil ich so still da sitze und ihnen zuhöre, wenn sie mir ihre Sorgen erzählen.

Eigentlich habe ich im Leben nie resigniert, und wenn ich es recht besehe, habe ich damals bei der Aufnahmeprüfung eine falsche Antwort gegeben, weil ich mich noch gar nicht kannte. Ich habe meine Kräfte erst kennengelernt durch das Leben, eigentlich bin ich eine Kämpferin.

Auch mit meiner Krankheit versuche ich, jedes Jahr eine alternative Möglichkeit der Heilung zu finden. Sie schreitet fort, aber vielleicht wäre es sonst schlimmer. Ich bin nur froh, dass meine rechte Hand noch fit ist. Mit ihr male ich.

Alles im Leben hat zwei Seiten. Ich empfange die Impulse der Blumen beim Malen, aber auch die Wetterkapriolen. Ich bin so wetterempfindlich, was meine Krankheit verstärkt.

Bereut habe ich nichts in meinem Leben, durch die Fehler lernt man ja. Und es ging immer wieder weiter.

Ich wünsche mir nur eins, dass ich noch lange malen kann.

Ich glaube der Sinn des Lebens ist, dass jeder Mensch seine Gabe erkennt und sie rausbringt, damit es die anderen sehen und nutzen können, wie ein Geschenk. Ich glaube, das ist mir vergönnt, und das macht mich froh.

Dann habe ich meinen Kindern einen Boden, einen Humus bereitet, auf dem sie wachsen können, so wie für meine Pflanzen. Das ist geschehen, und ich vertraue, dass sie darauf gedeihen, auch oder gerade, weil Mist drin ist.

Wenn ich sterbe, will ich kein Krankenlager, ich will es selbst bestimmen zu gehen. Eigentlich müsste es was geben, womit es schnell geht. Die Mediziner sollten das wissen.

Christine

„Glück ist für mich, mit mir zufrieden zu sein."

Christine ist 61 Jahre alt und lebt allein auf dem Grundstück ihrer elterlichen Mühle, die zum Wasserkraftwerk umfunktioniert worden ist. Mit der Nähe des Flusses lebt sie von Kindheit an, auch mit seinen verschiedenen Wasserpegeln und den Herausforderungen durch Hochwasser. Auch mit den „Hochwassern des Lebens" musste sie zurechtkommen. Ihr Sohn verunglückte im 28. Lebensjahr. Ihre Tochter ist verheiratet und lebt mit ihrem Manne und den beiden Kindern in den alten Bundesländern. Vor wenigen Tagen ist sie Rentnerin geworden und richtet sich ein in ihrem neuen Leben, in ihrer neuen Freiheit, wie sie sagt. Sie freut sich auf die Zukunft und auf das, was sie ihr bringen mag.

Wenn ich mich erinnere, so sehe ich mich wohl behütet im Sandkasten spielen, mal alleine, mal mit anderen Kindern aus der Nachbarschaft. Ich war ein Einzelkind, war geborgen und umsorgt. Ich habe den Sommer sehr geliebt und den Geruch von gemahlenem Korn, der immer in der Luft lag, weil ich ja in einer Getreidemühle aufgewachsen bin. Ich hatte kleine Aufgaben und der Großvater hatte immer Zeit. Bei dem habe ich viel gesessen, obwohl er schon fast blind war.

Ich bin 1948 geboren und hatte mir sehr einen Bruder gewünscht, den ich 1951 auch bekam.

Er war eine Frühgeburt, weil meine Mutter Gelbsucht hatte. Sie kam ins Krankenhaus, und man machte ihr heiße Umschläge, obwohl sie gefühlt hatte, dass das nicht gut war. Die Geburt ging los und mein Bruder wurde geboren, zu früh und zu klein wahrscheinlich. Ich habe meinen Bruder noch gesehen durch ein Glasfenster im Krankenhaus. Drei Tage später sah ich meinen Vater weinen. Mein Bruder war gestorben. Für mich brach eine Welt zusammen, weil mein Vater weinte. Es war ein so tiefer Einschnitt, dass mein Bruder starb. Aber er war noch lange Zeit für mich da. Ich habe von ihm geträumt und mit ihm geredet. Ich konnte nie verstehen, dass sich andere Kinder mit ihren Geschwistern stritten. Wenn man einen Bruder oder eine Schwester hat, wie kann man sich da streiten?

Ich blieb also ein Einzelkind. Natürlich habe ich dadurch auch nie lernen können, mich auseinanderzusetzten. Im Gegenteil, ich trug von da an die Last, mich zu schützen und nichts zu riskieren, damit meine Eltern nicht nochmal Kummer haben. Denn ich war doch ihr ganzes Glück.

Es gibt da so ein Ereignis. Ich fuhr mit meinen Eltern im Auto und bin immer rumgehüpft. Die Autos hatten damals Türklinken. Meine Eltern ermahnten mich, doch ich habe nicht gehört, setzte mich mit dem Hintern auf die Türklinke und fiel raus mit meinem Teddy, auf die Autobahn. Meine Mutter fuhr und hatte einen Schock, sie konnte nicht bremsen. Sie fuhren also weiter. Damals kam zum Glück aller 10 Minuten mal ein Auto. Mir war nichts geschehen, bin aufgestanden und habe meinen Teddy gesucht. Vor kurzem habe ich mich an das Erlebnis beim Fasten nochmal erinnert. Für mich war das Problem gewesen, dass sie weiter gefahren sind und ich geglaubt hatte, weil ich nicht gehorsam war, haben mich die Eltern verlassen. Mir ist jetzt vieles aus meinem Leben klar geworden, das mit meiner gespaltenen Höhenangst. Ich kann im Flugzeug sitzen oder in einer geschlossenen Seilbahn, da habe ich keine Angst. Aber ich kann nicht im Sessellift sitzen oder auf der Höhe stehen, da wo nichts abgeschlossen ist. Ich habe festgestellt, dass ich mir nicht traue, mir selbst nicht traue. Natürlich kamen meine Eltern zurück und waren überglücklich, ohne Vorwürfe auch. Von da an wollte ich meine Eltern noch mehr beschützen, dass ihnen durch meinen Ungehorsam nichts geschieht. Ich habe mich also nie richtig ausgelebt. Darüber bin ich traurig. Um so mehr freue ich mich, dass sich meine Enkeltochter richtig auslebt. Das unterstütze ich.

In der Mühle lebten noch viele andere Leute, die bei uns arbeiteten, wie Lehrlinge und Gesellen. Wir waren meist sechs, acht Leute am Tisch, eine Art Großfamilie. Das war schön für mich. Wir hatten viel Spaß. Da lebte auch eine Flüchtlingsfamilie eine Zeit mit uns. Für mich als Kind sehr spannend und aufregend das Leben mit vielen Leuten. Es gab auch eine kleine Landwirtschaft mit dran, einen Stall mit Schweinen, Schafen, Pferden usw. Habe gerne das Futter gegessen und die Pferde mit dem kostbaren Zucker gefüttert.

Unsere Mühle hat mein Urgroßvater gegründet. Sie hatten zwölf Kinder, und drei sind groß geworden, eine davon war meine Großmutter. 1896 haben sie diese Mühle aus dem Konkurs gekauft. 1897 im August kam das damalige Jahrhunderthochwasser. Sie dachten, das war's. Sie haben das Getreide getrocknet in der Sonne und dann gemahlen. Daraus war ein Supermehl geworden, weil sich die Schale besser vom Kern löste. Ein tolles Mehl wurde das, und damit kam der wirtschaftliche Durchbruch. Das ging vielen Mühlen so.

Mein Vater hat nach dem zweiten Weltkrieg die Mühle übernommen zusammen mit meiner Mutter. Ihre Eltern waren Bauern, aber beide sind sehr zeitig verstorben. Meine Mutter war mit vierzehn Vollwaise. Sie haben dann geheiratet und ich bin geboren.

Natürlich gab es oft Hochwasser, wir haben damit gelebt. 1954 war auch ein sehr großes Hochwasser. Ich erinnere mich, dass das Wasser oft im Keller stand und ich mit der Waschwanne darin Boot gefahren bin. Das hat mir Laune gemacht.

Eingeschult wurde ich in unsere kleine Dorfschule. Wir hatten ein Klassenzimmer und darin waren drei Klassen zusammen untergebracht. Das war hochinteressant, weil wir alles von den anderen mitbekamen. Später mussten wir in die Zentralschule, wo wir alle aus den Dörfern hinliefen. Das war normal. Wir haben alle aufeinander gewartet und sind zusammen zur Schule gelaufen, so war das. Früh eine Stunde hin, Nachmittag zurück, bei Wind und Wetter. Ich war bei den Pionieren und habe das Halstuch getragen wie alle. Es gehörte halt dazu. Die ersten Repressalien kamen wegen der Jugendweihe. Ich hätte nicht zur Oberschule gedurft ohne Jugendweihe. Mein Vater hat sich tierisch angelegt und Eingaben gemacht. Aber es blieb dabei und ich machte dann Jugendweihe und Konfirmation. Ich war damals noch nicht so weit, um das alles richtig zu begreifen. Die christliche Religion gehörte in unsere Familientradition, aber so richtig konnte ich damit nichts anfangen. Einmal gab es einen Pfarrer, der war für mich wegweisend und sehr erfrischend, weil er gesagt hat, dass wir uns Gott nicht als Einen im Himmel vorstellen sollen, zu dem wir mit dem Fahrstuhl hinfahren können. Das war 1960 rum, und das war ein ganz neuer Ansatz. Das war für mich der Auslöser, um was für mich zu verstehen. Mein religiöses Lebensfundament ist auf Physik und Energie gebaut. Der Ursprung aller Dinge ist für mich Energie. Früher haben die Menschen die Sonne angebetet, und wenn ich meine Handflächen zum Himmel halte, fühle ich, wie die Energie mir in die Hände strömt. Dann geht es mir gut, das kann ich spüren, da passiert was mit mir. Das war ein langer Weg, bis mich diese Erkenntnis tragen konnte. Das hat seinen Abschluss darin gefunden, dass Materie festgewordene Energie ist. Damit stimmt alles, und mir kann nichts mehr passieren. Alles ist Energie, auch jeder Stein. Habe schon in der Schule Physik geliebt, besonders Kernphysik. An den 13. August 1961 erinnere ich mich. Mein Vater hatte schon immer mal den Gedanken gehabt, in den Westen auszuwandern, und an dem Tag saß er da und war total deprimiert. „Jetzt ist die Falle zu!", hat er immer gesagt. Es war schlimm für ihn. Später erinnere ich mich, dass bei uns Fallschirmseide und Firnis da war zum Ballonbauen. Mein Vater wollte immer zum Leben. Aber den Schritt hat er nie getan.

Bin zur damaligen EOS und musste noch einen Beruf lernen, das war damals ein Versuch. Habe neben dem Abitur noch Dreher gelernt. Habe also noch einen Facharbeiterabschluss.

Die Zeit auf der EOS war nicht leicht, schon politisch nicht. Die kleinen Sachen, die wir alle jeden Tag aushalten mussten. Es gab Schüler, die wurden von einigen Lehrern mit Vornamen angesprochen. Das waren die Arbeiter- und Bauernkinder. Die anderen Kinder, wie ich, wurden mit Familiennamen angesprochen. Das war schrecklich, eine Demütigung. So kleine Dinge machen Angst. Man ist anders, und man gehört nicht dazu. Das war eine Zerreißprobe.

Ich war 14 Jahre alt, da fing ich an zu bluten. Hatte oft Schmerzen und starke Blutungen. Meine Mutter hat mich aufgeklärt mit zehn Jahren, später wurde ich von älteren Freundinnen richtig aufgeklärt. Aber es hat lange gedauert, bis ich mir meines Körpers richtig bewusst geworden bin. Ich war immer lang und dünn und wurde oft gehänselt. Das hat lange nachgewirkt, auch tanzen konnte ich nie so wie die anderen.

Doch heute kann ich mich annehmen. Habe mich sehr mit gesunder Ernährung beschäftigt und mit richtigen Körperübungen. Das Becken ist der wichtigste Bezugspunkt im Körper. Damit hat sich alles verändert, und ich fühle mich besser als mit 40 Jahren. Gerade bin ich wieder mal für mich in der Pubertät als Rentnerin. Das gibt Hoffnung. Ich habe ein neues Körperbewusstsein und freue mich auf das Leben. Ich will 90 Jahre alt werden, weil ich was von meiner Rente haben will. Ernähre mich mit erdigen, reinen Dingen und nicht zu viel durcheinander. Esse hauptsächlich Körner und Gemüse und Nüsse. Das ist eine Nahrung, die mich kräftigt.

Bei der Tanzstunde habe ich meinen späteren Mann kennengelernt, aber ich wollte nicht mit ihm tanzen beim Tanzstundenball. Ich fand ihn blöd damals, was dann einige Jahre später anders war. Er war schon fertig mit dem Studium, und ich war noch dabei. Wir waren an der gleichen Uni. Sind bald zusammengezogen, weil ich auch schwanger war. An meinem Mann hat mir gefallen seine Vielseitigkeit, seine Lebendigkeit, seine Aktivitäten. Ich habe viel von ihm gelernt, und das ist mir geblieben bis zum heutigen Tag. Das ist mein Gewinn aus der Ehe.

Mein Verlobter und ich waren im August 1968 in der Hohen Tatra im Urlaub. Das werde ich nie vergessen. Ich war auch schon schwanger. Ein wunderschöner Zeltplatz, sehr einfach. Wir haben viel mit den tschechoslowakischen Menschen geredet, und alle waren euphorisch wegen des Prager Frühlings. Es war wirklich ein Frühling! Sie haben begeistert erzählt von den Veränderungen. Die Augen haben geleuchtet. Doch am 21. August war der Kiosk geschlossen, und alle Tschechoslowaken waren wie erschlagen und haben getrauert. Sie waren fertig, dass der Einmarsch gewesen war. Wir sind über Polen zurück und haben dann Zuhause die ganzen Meldungen gehört. Aus der Autobahn war eine Landebahn gemacht worden.

In der Uni wurden wir zusammengeholt, die alle in der CSSR Urlaub gemacht hatten. Uns wurde gesagt, dass wir nichts gesehen haben, was da passiert ist. Sie haben nicht gedroht mit Exmatrikulation, doch jeder hatte die Angst davor. Das ging so schnell. Wir haben immer mal wieder erlebt, dass Leute geschmissen wurden, wegen „falscher" Meinungen usw. Einmal wurde ein Kommilitone wegen versuchter Republikflucht eingesperrt. Der musste im Gleisbau arbeiten als Gefangener. Andere Kommilitonen haben ihm immer was aus den fahrenden Zügen geschmissen, wenn er auf der Strecke zwischen Leipzig und Dresden gearbeitet hat. Das hat mir schrecklich leidgetan. Es waren schlimme Zeiten, und weil das immer passierte, hatten wir alle Angst. Ich gehörte immer schon zur passiven Opposition. War nie eine Vorreiterin.

Aber ich wusste, wo ich hingehöre.

Mein Sohn wurde geboren, da war ich 21 Jahre alt. Ich war noch mitten im Studium, wir bekamen ein Ehepaarzimmer. In der Küche habe ich Windeln gekocht und in der Wanne gespült, nichts mit Waschmaschine. Habe meinen Sohn im Kinderwagen vor die Hörsäle gestellt, dann später in eine Kinderkrippe gebracht. Sie war der Sieger im Kindergrippenwettbewerb. Dreißig Kinder und zwei Erzieher, nur so viel zu den Siegern. Mein Sohn war immer krank. Eine ältere Kinderärztin hat mir dann gesagt: „Ich darf ihnen das nicht sagen, aber nehmen sie ihr Kind aus der Krippe, der verkraftet das nicht." Ich musste ihn dann zu meinen Eltern geben für ein Jahr. Im Nachhinein weiß ich nicht, ob das gut war. Es wäre besser gewesen, mit dem Studium aufzuhören, denke ich heute.

Ein Jahr später kam unsere Tochter zur Welt. Bei ihr wurde vorzeitig die Blase gesprengt auf Manipulation eines Arztes. Sie war winzig und hätte noch Zeit gehabt. Ich habe im Bad entbunden in der Warteschleife. Das war mein Glück, die Hebamme hatte kein Werkzeug bei sich und hat mich schnell entbunden, mir dann das Kind auf den Bauch gelegt. Dieses Gefühl war wunderbar. Das gab es damals nie. Die Kinder wurden sofort weggenommen für 24 Stunden. Was die Mediziner damit gemacht haben, habe ich viel später bei unseren Schafen begriffen. Jedes Mutterschaf verstößt das Lamm, wenn es von ihm getrennt war nach der Geburt und nicht lange genug gerochen werden konnte.

Bei meinem Sohn habe ich total verloren im Bett gelegen, unruhig und aufgekratzt nach der Entbindung, und wusste damals nicht, was mir fehlte.

Habe mein Studium beendet, trotz der Kinder. Danach habe ich bei meinem Vater in der Mühle angefangen zu arbeiten. Das war 1972, und es kam die Enteignung. Mein Vater hatte dann drei Mal Herzinfarkt. Sein Lebenswerk hinzugeben und das seiner Vorfahren, das hat er nicht überlebt.

Meine Mutter hat kurz nach dem Tod meines Vaters Brustkrebs gehabt und ist ihm im Prinzip hinterhergegangen.

Mein Mann fing in einer Papierfabrik an zu arbeiten und wollte eigentlich Karriere machen. Aber weil er die Mitarbeit in der Stasi verweigerte, hatte er keine Chance. Die Stasi hatte ihr Ziel erreicht, und es ging auf allen Strecken los. Die Kinder in der Schule wollten nicht in die DSF, und sie wurden vor den Fahnenappell gestellt. Es wurde gesagt, dass sie dumm sind und Stroh im Kopfe haben. Sie durften keine Ausfahrten mitmachen … Immer wieder haben die Kinder Schikane erlebt, weil sie dann auch aktiv waren in der Jungen Gemeinde. Mein Sohn hat den Wehrdienst verweigert. Meine Tochter erlebte so viel Schikane als Krankenschwester. Das mit den Kindern hat mich auch später motiviert, nach Leipzig zu gehen am 9. Oktober 1989, weil das schlimm war, was sie mit ihnen gemacht haben. Und wir hatten nur Angst, irgendwie jeden Tag. Wir haben es schon gar nicht mehr gemerkt, wie uns allen die Angst in den Knochen steckte. In den achtziger Jahren spitzte sich alles zu. Aber was wir hatten, das waren Antennen für alle Dinge zwischen den Zeilen. Darauf waren wir gierig. Ob das Liedtexte waren von Musikern oder Bands, Filme, Theaterstücke usw., immer haben wir gelauscht zwischen den Zeilen. Wir brauchten das wegen der Angst und der Hoffnung. Heute weiß ich nicht mehr, wenn ich so ein Bild sehe von Honecker, da bin ich jedes Mal betroffen, wieso wir so eine Angst vor denen hatten. Das war das üble Spitzelnetz, so ein übles Netz.

Mein Mann hat dann mit anderen Leuten in der Kirche des Wohnortes den „Konziliaren Prozess" ins Leben gerufen. Es war eine DDR-weite Aktion. Das waren Arbeitsgruppen zum Thema: Gerechtigkeit, Freiheit, Frieden und Erhaltung der Schöpfung. Die Kirchen waren schon wichtig damals. Ich war auch dabei, aber wie gesagt, eher zurückhaltend. Aber nach Leipzig musste ich mit, ich musste mit am 9. Oktober 1989, von innen heraus. Und so ging es Vielen.

Als ich dann dort war mit meinem Mann und einer Freundin in dieser Stadt, mit der Angst auch, da war es erst unheimlich still. Die Leute haben auf den Strassen wie geflüstert, alle wussten von der Bedrohung durch das Militär. Aber dann am Abend, als wir alle da gemeinsam liefen und unter der ersten Brücke durchgingen, die war voller Menschen, und diese Jubelrufe. Es war ein Kribbeln in mir, und es ging weiter, es war nichts passiert. Am Bahnhof hatten wir alle damit gerechnet, dass geschossen wird. Das war ein Glücksgefühl, und da kam eine Hoffnung, eine bestätigte Hoffnung auf Veränderung. Es ist mit mein größter Glücksmoment in meinem Leben gewesen. Wir waren alle eins. Wir waren ein Netz, eine Einheit. An diese Einheit glaube ich, an Verbindungen, an echtes Miteinander.

Dann der 9. November. An dem Tag war ich in der Umweltarbeitsgruppe und steige aus dem Auto, und einer aus der Gruppe sagt, dass die Mauer gefallen ist. Wir alle in der Gruppe waren total durcheinander. Keiner von uns wollte das. Wir dachten gleich, das war Plan X, um uns matt zu machen. Es war jetzt aussichtslos, die Reform des Sozialismus. Es war von Stund an kein Interesse mehr an Arbeitsgruppen. Ich hatte sehr gemischte Gefühle.

Und dann das ganze Chaos im Land, auch in den Betrieben, und wie wir alle verkauft wurden.

Mein Mann war in der Volkskammer zu der Zeit, vom 18. März bis zum 2. Oktober 1990. Dann waren die Anderen da. Na ja.

Wenn ich es richtig bedenke, war es damals nicht anders möglich.

Als ich vierzig war, hatte ich eine ganz persönliche Krise, eine Beziehungskrise mit mir. Sicher war auch ein Grund, dass die Kinder das Haus verließen und dass ich mal eine Abtreibung hatte. Ich habe es getan aus Angst, weil ich gedacht habe, dass mein Kind durch meine Zuckerkrankheit behindert sein würde. Ich hatte das nie verarbeitet und sehr darunter gelitten, dass ich es gemacht

hatte. Ich wurde krank und bekam es mit den Nieren. Ich lag drei Wochen im Bett, um mich herum war alles schwarz. Alles kreise in mich hinein, und seelisch war mir kotzelend. Es war eine Depression ohne Ende und Ausweg, und wir sowieso in dem Kasten DDR. Hatte kein Interesse an nichts. Habe mich nicht geliebt gefühlt, und es ging mir deshalb sehr schlecht.

Irgendwann wendete sich was. Es passierte was. Plötzlich hatte ich eine Erkenntnis, die lautete: „Ich bin nicht auf der Welt, um geliebt zu werden, sondern um zu lieben". Auf einmal drehte sich das Karussell, das nach innen ging, nach außen. Ich stand auf und ging in den Dorfkonsum einkaufen. Hätte jeden umarmen können und war so froh über mein wiedergewonnenes Leben.

Aus der Krise bin ich gestärkt hervor gegangen, es war eine Wiedergeburt, eine erstmalige Reifung. Ich habe mich plötzlich entwickelt, wurde selbstbewusster. Es war ein Knackpunkt, dass ich stärker geworden war in mir. Es schlich sich etwas in die Beziehung zwischen meinen Mann und mich. Wir hatten zu dem Zeitpunkt keine Zeit, es zu bemerken, da draußen 1988/89 so viel los war und wir froh waren, dass wir uns hatten.

Nach der Wende gab es viele Umbrüche und Veränderungen, denen wir uns zu stellen hatten.

Dann kam der Tod unseres Sohnes im eiskalten Winter 1996. Sehr früh, da war er zwei Jahre alt, habe ich geträumt, dass er in eine Mühlenturbine rutscht und umkommt. Das war ein so schlimmer Traum, den ich nie vergaß und über den ich nie gesprochen habe. Genau so ist es dann passiert, nur dass er 28 Jahre alt war. Er ist auf dem Eis abgerutscht bei der Wartung der Turbine. Er hatte die Vertretung für meinen Mann übernommen, weil wir im Urlaub waren.

Es ist schrecklich, den Sohn zu verlieren. Als ich von dem Unfall hörte, habe ich einen Tobsuchtsanfall gehabt, alles um mich herum geschmissen und kaputt gemacht. Auf der Rückfahrt habe ich gehofft, dass es eine völlig falsche Nachricht gewesen ist. Ich weiß nicht, wie ich die Trauer bewältigt habe. Ich dachte erst, so was kann man als Mutter niemals überleben. Habe ein Jahr eine Gruppe verwaister Eltern besucht, und es tat mir sehr gut, wenn wir uns einfach nur an den Händen festhielten, im Kreis stehend. Es war so wichtig, dass wir uns gestützt haben. Es ist ein Segen, dass es solche Gruppen gibt und solche Arbeit gemacht wird.

Am Ende hat mir geholfen das Wissen um die Energien. Mein Sohn ist immer da, nur in einer anderen Form der Energie. Die Natur hat mir auch geholfen. Ich habe ihre Zeichen für mich gedeutet, Vögel und Sonnenstrahlen, die mich grüssten. Eine Sternenschnuppe hat mich zum Leben zurückgeholt, als ich ihm nachgehen wollte. Meine Tochter stand vor mir und hat gesagt: „Du hast ja noch mich", das tat mir auch sehr leid.

Damals hat das Erleben meinen Mann und mich zunächst näher gebracht. Es war eine herrliche Geborgenheit in der Familie und mit Freunden. Eine wirkliche, echte Geborgenheit, vor allem auch Sylvester. Unser Sohn ist am 28. 12. verunglückt. Alle waren da und haben sich Zeit genommen, wir waren zusammen und haben den Beistand gespürt. Ich kann das Leben ganz anders schätzen, wenn man erfahren hat, wie kostbar es ist.

Mein Mann hat nach Wegen gesucht für sich, er hat es hier nicht mehr ausgehalten, die Arbeit in der Mühle. Er hat Ausbildungen gemacht in verschiedenste Richtungen, aber er blieb ruhelos. Irgendwann ging es nicht mehr zwischen uns.

Dann kam das Hochwasser 2002. Wir saßen eine ganze Nacht zu zweit in unserem Haus, um uns krachte und tobte es. Das war das ansteigende Wasser. Wir mussten evakuiert werden mit dem Schlauchboot, rundherum gewaltige Fluten. Das Wasser stand bis zum Balkoneingang. Gummiboot ohne Motor. Mir ging es schlecht. Ich hatte Riesenangst. Sechs Männer von der Feuerwehr haben versucht, uns zu retten. Die waren genauso nassgeschwitzt vor Anstrengung und Angst. Dann hingen wir fest an den Scherben des zerbrochenen Gewächshauses. Frag nicht! Wir alle hatten mehr als einen Schutzengel.

Dann die ganze Arbeit nach dem Hochwasser! Oh Gott! Man funktioniert und denkt nicht nach. Man tut einfach bloß.

Nach dem Hochwasser haben wir uns getrennt. Es war auf einmal ganz klar. Heute würde ich sehr gerne mit ihm reden darüber, an welcher Stelle sich unsere Gleise getrennt haben.

Erst mal bin ich richtig abgestürzt. Nach 34 Jahren Zusammenleben steckt man das nicht so einfach weg. Allerdings ohne Trennung hätten wir viel größeren Schaden genommen. Es wäre nicht mehr gegangen.

Ich habe mich arrangiert mit dem Alleinsein. Habe auch richtige Glückserlebnisse mit einem Glas Rotwein auf dem Balkon bei Sonnenuntergang. Ich genieße die Kleinigkeiten und sage ja zu mir. Dann gehe ich durch die Stadt und gucke die Leute freundlich an, und sie lachen zurück. Dann fühle ich mich gut. Ich habe ein warmes Gefühl in mir, das ist herrlich. Dann rede ich mit den Leuten, ganz einfach über meine Rente und so.

Ich habe viele Frauennetzwerke, in denen ich zuhause bin und mit denen ich rede.

Mein Mann fehlt mir am meisten im Urlaub, na ja. Ich glaube man braucht schon einen Gefährten. Ich habe die Hoffnung noch nicht aufgegeben.

Ich habe einen Traum. Möchte nochmal in eine Wüste gehen, in die Leere. Das Einfache hat mich schon immer gereizt.

Dann fühle ich, dass die Welt sich in was Neues hinentwickelt. Das hat was mit Energie zu tun. Wie das aussehen wird, kann ich nicht beschreiben. Ich fühle es. Ich habe keine Weltuntergangsstimmung, aber eine große Hoffnung, auch für meine Enkel. Die sollen mit dem Bewusstsein von Energie schon jetzt leben. Dafür tue ich alles.

Für mich selbst gibt es eine Vision. Möchte in einigen Jahren in eine Gemeinschaft gehen, vielleicht in eine Alters-WG. Will auf keinen Fall Lebenserhaltungsmaßnahmen haben, wenn es mal so weit ist.

Für mich ist Glück, mit mir zufrieden zu sein. Es liegt nur an mir, ob ich es sehe.

Uschi

„Da, wo ich gehandelt und Fehler gemacht habe, da bereue ich nichts.
Nur wenn ich feige war, das kann ich mir nicht verzeihen."

*Uschi lebt in einem kleinen, sächsischen Dorf. Dort wohnt sie mit ihrer zwanzig-
jährigen Tochter Michelle in einem Häuschen mit Tieren und Garten. Sie ist Mitte
Fünfzig, dunkelhaarig und schlank. Ihr Leben inmitten der Natur mit vielen Tieren,
Pflanzen und neuerdings auch Bienen, ist ihr selbstbestimmtes Leben. Sie strahlt
Ruhe aus und hat einen festen Schritt. Sie ist eine Erdfrau, auf sie ist Verlass. Sie
weiß, was sie will und nicht will.*

Geboren bin ich 1955. Meine erste Erinnerung an mich ist, als mein Vater mich in die Luft wirft und immer „holla" ruft. Ich habe ihn dann „Holla" genannt. Da war ich sehr klein. Dann sitze ich im Kino, da bin ich so drei Jahre, und sehe mir einen Animationsfilm an. Zu uns aufs Dorf kam immer der Landfilmvorführer, und das war sehr faszinierend für mich. Weitere Bruchstücke aus der frühen Zeit sind Küken in der Küche, meine Oma hat Gitter eingebaut und sie dort groß gezogen, wenn es kalt war. Eine Kuckucksuhr, ein dicker Hund bei meinen Großeltern. Wir lebten mit bei ihnen im Haus, zusammen mit meiner Mutter und meinem Vater.

Als ich ein Jahr war, haben sich meine Eltern scheiden lassen. Mit Zweieinhalb zog mein Stiefvater ein. Dann erinnere ich mich, dass ich in den Kindergarten gehen sollte, um nicht isoliert aufzuwachsen, dort wollte ich nicht essen und nicht schlafen. Später bin ich abgehauen und eine Großsuchaktion ging los. Aber ich war schon Zuhause, bin durchs Fenster geklettert. Damit hatte ich erreicht, nicht im Kindergarten schlafen zu müssen. War auch mal im Kinderheim, weil meine Mutter arbeiten gehen musste und meine Oma verunglückt war. Dort habe ich aufgehört zu essen, und mein Opa hat mich zurückgeholt. Ich hatte wohl einen Schock, denn ich habe danach ewig nachts Albträume gehabt und geschrien, dass ich nach Hause will. War gerne als Kind für mich. Habe stundenlang im Garten gesessen und unter den Steinen Käfer und Regenwürmer vorgeholt und damit gespielt. Schnecken habe ich einfach gegessen, einmal gebraten in der Pfanne, und meine Mutter hat fast einen Nervenzusammenbruch gekriegt. Tiere sind wichtig für mich, und es fasziniert mich, wenn besonders Wildtiere mir nachfolgen. Meine ganze Kindheit hindurch hatte ich mit Tieren zu tun, bin geritten und war in den Pferdeställen. Habe eine seelische Verbindung zu Tieren, aber richtig erklären kann ich es nicht. Eher wie eine Verwandtschaft, die ich fühle, und die Tiere auch.

Mit den Eltern der Mutter habe ich zusammengelebt. Meine Oma stammt aus einer verarmten Adelsfamilie, die bis 1920 das „von" noch getragen hat. Aus dieser Linie hatte meine Mutter einen Cousin, der bei uns im Haus mitlebte, sehr begabt als Maler und sehr musisch überhaupt. Er hat getrunken.

Meine Oma meinte, dass er die Arbeit bei der Stasi nicht verkraftet hat. Die Trunksucht hat ihn ruiniert. Er war das schwarze Schaf der Familie, aber ich habe mich als Kind sehr hingezogen gefühlt.

Mein Opa war in die Partei gegangen, um wieder Lehrer zu werden, denn er musste nach dem Krieg im Steinbruch arbeiten, weil er bei Hitler Feldwebel war. Es gab Polizeikontrollen bei uns wegen des sogenannten Ochsenkopfs unterm Dach, mit dem man Westfernsehen empfangen konnte. In der Nachbarschaft lebten Polen, bei denen haben sie nicht kontrolliert, da bin ich heimlich hin zum Gucken. Die Maidemonstrationen waren nichts für mich. Vor Massenaufläufen gruselt es mich. Mein Glück war, dass ich auf dem Pferd mit den anderen Reitern vorneweg reiten durfte. Später habe ich mich vor der Maidemonstration gedrückt, indem ich freiwillig gearbeitet habe.

In den ersten fünf Schuljahren hatte ich einen guten Pionierleiter, der gerne was mit Tieren gemacht hat, und den mochte ich, deshalb war ich gerne bei den Pionieren. Aber ich habe die Politik nicht wahrgenommen, die dahinter war. Überhaupt, das ist viel später passiert, da war ich schon aus dem Haus. Ich lernte Leute kennen, die mal aus einer anderen Sicht die Dinge sahen, welche von der Kirche. Da habe ich angefangen nachzudenken. Ich kenne keine Auseinandersetzungen zwischen Andersdenkenden in meiner Schulzeit. Es gab keine Kirche in unserem Dorf. Heute frage ich mich, wo die Christen waren?

In der neunten Klasse auf der Penne oder EOS habe ich einen einzigen Menschen kennengelernt, der nicht in der DSF (Deutsch Sowjetische Freundschaft) war. Dort waren viele Schüler, fünf Klassen, und ein Einziger war nicht in der DSF, das hat mich sehr gewundert. Ich war blind, konnte mir nicht vorstellen, warum er das macht.

Dort auf der EOS gab es noch ein Erlebnis, das mich zum Nachdenken brachte. Die damalige Klasse Zwölf hatte ihren Abituraufsatz geschrieben. Drei oder vier Schüler hatten das Thema zum Vietnamkrieg gewählt und ihre Meinung hineingeschrieben. Das gab einen Riesenskandal, weil ihre Meinung konträr zur Meinung des Staates war. Es mussten dann in jeder Klasse Diskussionen geführt werden, weil sie von der Schule geschmissen und ihr Abitur nicht anerkannt werden sollte. Ich habe mich gewundert, wieso man solch einen Rummel macht wegen der Meinungen von ein paar Schülern. So was hatte ich in der Grundschule vorher nicht erlebt. Das war 1971. Von da an habe ich mehr Verstand gekriegt.

Während der ganzen Schulzeit war ich aufmüpfig, immer in „Betragen" schlechte Noten. Bei mir hing alles von den Lehrern ab, ob ich sie leiden konnte oder nicht. Wir hatten einen verlogenen Klassenlehrer, der war sehr unbeliebt. In der achten Klasse haben meine Freundin und ich Briefchen geschrieben über einen Liebesfilm, über Sex und so, sicher Kinderkram. Damals gab es die entwürdigenden Ranzenkontrollen, was mich noch nie gestört hatte, weil ich keinen Kram und keine Bücher aus dem Westen hatte. Jedenfalls hat der Lehrer bei der Ranzenkontrolle die Zettel gefunden und ein Riesentheater gemacht. Wir mussten dann in einen Raum, dort hat er uns moralische Schuld zugeschoben vom Übelsten. Ich hatte damals das erste Mal das Gefühl, ihm was antun zu wollen. Ich hatte eine Riesenwut wegen der Demütigung, hätte am liebsten um mich geschlagen. Der wollte uns mit seiner verlogenen katholischen und sozialistischen Moral vor etwas bewahren, aber es war schrecklich.

Was ich auch nicht vergesse, ist ein Ereignis, wo ich mich entschuldigen sollte. Meine Oma bestand darauf, mich bei einer Lehrerin zu entschuldigen, weil ich vorlaut war. Diesen Weg dahin werde ich nie vergessen. Ich hätte mir am liebsten die Zunge abgebissen, um es nicht tun zu müssen. Habe geheult vor Wut. Ich habe es der Oma zuliebe getan, ob es richtig war, weiß ich bis heute nicht.

Meine Oma hat mich großgezogen. Sie hat auch durchgesetzt, dass ich Kontakt zu meinem richtigen Vater behalten habe. Er hat mir gefehlt. Er wusste aber nichts mit mir anzufangen, wenn er kam. Er ging immer zum Angeln, und ich bin ihm hinterhergetrottet. Meine Mutter hat sich meinem Stiefvater angepasst, und ich mochte ihn überhaupt nicht leiden. Da war ich enttäuscht von ihr, sie haben mich nie mitgenommen in ihren Urlaub.

Ich hatte aber viele Ersatzväter. Mit sechs Jahren ging ich zum Reitsport, da war es mein Ausbilder, und mit vierzehn bin ich auf die Penne, da war es mein Lehrer für Deutsch und Englisch. Sehr streng, als Mann unansehnlich, der hatte den meisten Einfluss auf mich bis zu seinem Tode. Wir haben die ganze Zeit Kontakt gehabt, bis er Ende der Achtziger starb. Hatte auch ein gutes Verhältnis zu seiner Familie.

In unserem Haus gab es zwei Welten. Meine Großeltern lebten aristokratisch und meine Mutter und mein Stiefvater mehr wie Proleten. Ich habe bei meiner Oma gegessen, weil meine Mutter arbeiten ging. Dort haben wir mit weißem Tischtuch und Servietten gegessen.

Als ich meine Regel bekam, da war ich dreizehn Jahre alt. Das hat mir Schwierigkeiten gemacht, weil ich mich ewig da, wo es ging, als Junge ausgegeben habe. Das hing mit meinem Vater zusammen, weil ich mir eingebildet habe, dass er mich mehr lieben könnte, wenn ich ein Junge geworden wäre. Ich hatte ganz kurze Haare, bis ich vierzehn war.

Ich habe dann akzeptiert, dass ich ein Mädchen war, so nach und nach. Hatte mit zwölf meine erste Jungenfreundschaft, und das zog sich durch, bis ich siebzehn war. Den ersten Sex hatte ich dann erst mit meinem ersten Mann mit neunzehn.

Ich musste dann zur EOS, obwohl ich nicht wollte. Wollte in einen ZOO und bekam keine Wohnung nirgendwo. Außerdem hätte ich 200 Mark im Monat verdient. Da hat meine Mutter gemeint, dass ich nicht davon leben kann.

Der Staatsbürgerunterricht an der Penne war zum Piepen. Ich kann mir nicht vorstellen, dass so was von den Leuten wirklich ernstgenommen werden konnte, was die uns erzählt haben. Da lief so eine Oberstudienrätin, eine ganz Zarte mit spitzer Nase, die lief durch die Klasse, das sehe ich noch wie heute, und sagte immer: „Man kann auch nicht mit Scheuklappen durch den Sozialismus laufen", und gestikulierte mit den Händen am Gesicht rum. Bei der bin ich mal rausgeflogen. Ein anderer Lehrer hat mich gefragt, ob ich mich vom Kapitalismus bedroht fühle. Ich habe „nein" gesagt, da hat er gestikuliert und gebrüllt: „Aber ich fühle mich vom Kapitalismus bedroht!"

Ich wollte nach der 12. Klasse Tierarzt werden, aber das hat nicht geklappt.

Zwei Drittel meiner Klasse konnten nicht das werden, was sie wollten.
Ich habe mich entschieden, einen Beruf in der Landwirtschaft zu lernen, weil man mir gesagt hat, dass eine Delegierung zum Studium was bringt. Ich habe Rinderzüchter gelernt. Und habe eine Delegierung bekommen, sollte aber in alle möglichen Studienrichtungen umgelenkt werden. Das habe ich abgelehnt. Da war ich auch schon mit dem „subversiven Element" Class zusammen, der mein erster Mann wurde. Der war zwangsversetzt in die LPG, wo ich Rinderzüchterin war. Der wollte ursprünglich Offizier werden. Er hatte Pflegeeltern gehabt. Als seine Pflegeeltern gestorben sind, war er auf der Offiziersschule. Er wollte zur Beerdigung gehen. Die fragten, was er da wolle, es sind nicht seine richtigen Eltern. Da hat er einen Offizier zusammengeschlagen. Daraufhin war er vorm Militärgericht, wurde verurteilt und kam nach Schwedt ins Militärgefängnis. Dort muss es ganz schlimm gewesen sein. Er hat mir erzählt, dass sich einmal ein Kamerad vor einen Aufseher geschmissen und geschrieen hat, er solle ihn totmachen mit der Schaufel, er hält es nicht mehr aus.

Class hatte dann nach der Entlassung aus dem Militärgefängnis eine Arbeitsplatzbindung in der Kolchose, wo ich war.

Die Kolchose dort war wirklich schlimm. Bis dahin hatte ich mich noch mit der DDR identifiziert, aber dann sind Welten zusammengebrochen. Die Kaderleiter waren unfähige Leute. Richtige dumme Leute. Ich habe meinen Lehrer angerufen und um ein Gespräch gebeten, damit ich hier nicht abhaue. Der hat Schwerstarbeit geleistet mit mir.

Ich sollte das Aushängeschild für die Kolchose werden, und das „subversive Element" tut sich mit mir zusammen. Das haben sie ihm angekreidet. Mich hatten sie gekauft. Ich hätte den Abschluss in einem Jahr machen können, statt in zweien, dafür sollte ich FDJ-Sekretär werden.

Doch bevor ich Class gesehen hatte, faszinierte mich sein Ruf. Ich fand manches schlimm, was er gemacht hatte. Aber er ist gut mit den Leuten umgegangen, er hat sie respektiert, und sie haben ihn gemocht. Wir haben geheiratet und sind weggezogen, weil wir dort keine Wohnung bekommen haben. Er hat eine LPG gesucht für sich in der Nähe einer Stadt, wo ein ZOO für mich war.

Class war vor mir ein Weiberheld. Er hat gesagt, dass er ein braver Ehemann wird, wenn er heiratet. Das ist er auch geworden. Das war dann nicht mehr so schön nach zehn Jahren. Es ist auseinander gegangen. Hatten keine Kinder. Wir wollten nicht.

Im ZOO habe ich wenig verdient, aber mein Mann hatte genug Geld.

Unsere Lebenspläne stimmten dann nicht mehr überein, er wollte Rassehund, Haus und Auto, für mich waren das keine Lebenswerte. Es war in Ordnung und auch eine Erleichterung, die Trennung.

Es war angenehm für mich, ganz alleine zu sein. Ich war 28 Jahre alt. Die Arbeit im ZOO war mein Hobby, keine Arbeit. Es war meine Erfüllung. Ich hatte viele Möglichkeiten, Ausbildungen, Exkursionen, Kontakte zum Ausland wie Ungarn, es war eine tolle Zeit. Die Fachtagungen haben mich interessiert, da habe ich mich drum gerissen, einmal habe ich mich eingeschmuggelt, weil immer nur bestimmte Leute fahren durften, das hat mich sehr gestört. In der DDR gab es in jeder Bezirksstadt einen ZOO, und die bekamen auch Devisen. Ich lebte damals in einer Neubauwohnung, bis ich meinen zweiten Mann kennenlernte. Das war Luxus in der DDR, heute sind es die Sozialwohnungen.

Als ich aufhörte, im ZOO zu arbeiten, war ich innerlich so weit, dass ich es nicht mehr gut fand, Tiere aus dem Ausland und aus fremden Klima in die ZOOs zu holen. Auch wenn wir sehr viel gemacht haben, um ihnen gute Bedingungen zu geben, sie haben doch gelitten. Das weiß ich heute. Aber mit der Arbeit im ZOO hatte ich mir einen Kindheitstraum erfüllt.

Als ich meinen Mann kennenlernte, meinen wirklichen Mann, wie ich heute sage, war ich tanzen in einem Lokal, wo viele Offiziere der Sowjetarmee hinkamen. Ich war mit einer Freundin dort. Da ging die Tür auf, und als ich ihn sah, war es so, als ob ein Bild in mir erfüllt wird. Es hat sofort was in mir ausgelöst, und das fühle ich heute noch. Ein Freund von mir hat mal gesagt: „Das Bild vom Partner ist fertig, und wenn du ihn siehst, weißt du, dass er es ist." So war das. Er hat mich auch gleich zum Tanzen geholt, ganz gezielt. Er lebte als Offizier außerhalb der Kaserne. Wir haben uns dann immer getroffen. Er war Sportler, dunkelhaarig und kräftig. Er hatte was Tragisches im Gesicht.

Wenn wir uns trafen, war er sehr vorsichtig, hat geguckt, wer in der Nähe ist, und ist manchmal auf die andere Straßenseite gegangen. Er hatte einen Freund, der sich mit einer Frau zusammengetan hatte, die heiraten wollten, und der ist plötzlich verschwunden gewesen. Keiner weiß, was aus ihm geworden ist. Das ist nicht selten gewesen in der Sowjetarmee. Mein Mann war damals noch einer Frau in der Sowjetunion versprochen gewesen, schon als Kinder sind sie sich versprochen worden. Er ist dann nach Hause gefahren und kam zurück mit der Nachricht, dass er frei ist, weil sie einen anderen Mann hat.

Ich wollte ein Kind von ihm und war bald schwanger. Ich hatte im fünften Monat eine Fehlgeburt, habe es alleine gemacht, wollte niemand, der an mir rummacht. Bin bald wieder schwanger geworden und hatte keine Angst, dass wieder was passiert. Mir ist es nie besser gegangen, körperlich, als in der Schwangerschaft.

Michelle ist im Wendejahr geboren, und die Sowjetarmee wurde aufgelöst. Im März 1990 haben wir geheiratet, er kam also nicht ins Asyl.

Wir hatten auch Angst wegen den Nazis in Deutschland, die sich sammelten, und wollten uns im Ausland niederlassen. Wir wollten nach Australien gehen und hatten die Anträge schon abgegeben, aber nie eine Antwort bekommen. Die Russen haben auch Schwierigkeiten gemacht, ihn rauszulassen. Mein Mann hatte Geld in Russland, aber es gab die Rubelentwertung, und damit hatten wir kein Geld mehr. Das war eine Katastrophe. Die Anfänge waren schwierig.

Wir haben dann ein Haus gehabt mit einer Plantage und wollten was aufbauen. Die Familie kam oft zu Besuch. Das sind viele Leute auf einmal. Es war gut für meine Tochter, diese Großfamilie, für mich weniger. Mein Mann hat es nie bereut, die Heimat verlassen zu haben. Wir waren gerne zusammen.

Meine Tochter war drei, da ist mein Mann plötzlich tödlich verunglückt. Das war schrecklich, ich hatte einen Schock. Chaos. 1992 im November war das. Ich konnte es nicht fassen. Bin fremden Männern hinterhergelaufen, im Glauben, das muss mein Mann sein. Das ging, bis ich ihn im Leichenschauhaus gesehen hatte.

Er ist in Russland beerdigt, weil seine Familie am Telefon mich angefleht hat, dass er in die Heimaterde muss. Ich habe es getan, alles wie in Trance und irgendwie mechanisch. Es hat viel Geld gekostet, diese Überführung.

Meine Tochter hat auf den Tod einige Monate später reagiert, als der Bruder kam. Sie hatte eine Verwirrung, wie ich. Ein Jahr später habe ich dort alles verlassen, wollte nicht mehr erinnert werden. Ich war panisch, weil alles unfassbar war und habe mir und meiner Tochter hier ein neues Zuhause aufgebaut. Aber ich habe auch hier nur funktioniert. Habe nichts an mich rangelassen. Habe eine Umschulung für Floristik gemacht. Musste mein Kind ernähren.

Habe allen Kontakt nach Russland abgebrochen in dem Schock. Das war gut für mich, aber nicht für mein Kind. Sie hatte im Unterbewusstsein einen intensiven Kontakt zu ihrem Vater.

Mit 12 hatte Michelle die ersten Symptome für ihre psychische Erkrankung. Das war schwer, weil ich nichts wusste, und es hat ihr vieles geschadet, was ich gemacht habe. Aus Unwissenheit. Sie fing plötzlich an, eines Tages im Auto bitterlich zu weinen und schlief auf meinem Bettvorleger. Das hatte sie noch nie gemacht. Ihr war schwindlig, und ich hatte Angst wegen eines Hirntumors. Eine Ärztin überwies sie zum EEG, dort hat sie sich alles abgerissen und die Schwester beschimpft. Die haben sie gleich in die Klapse mit Polizei und Notarzt gefahren und mich nicht benachrichtigt. Eine Zwölfjährige! Ein Kind! Wie kann man die mit Polizei und Notarzt in die Klapse bringen! Und ohne mich zu rufen, die Mutter, die ihr Kind kennt! Ich bin immer noch wütend, wenn ich davon rede. Das hat sich bis heute in sie eingegraben, diese Entwürdigung und die Angst.

Das war meine erste Begegnung mit der Psychiatrie. Die haben sie bald entlassen, aber Monate später ging es wieder los. Sie war schon auf dem Gymnasium. Dann haben wir einen Schulwechsel versucht, und es ging ihr zunächst gut. Doch dann kam die nächste Psychose. Wieder Klinik und Tabletten, dann Entlassung und Schulwechsel und dann wieder Schübe. Wir haben versucht, ihre äußere Situation zu verbessern. Sie hat viele Diagnosen, aber ich gebe nichts drauf. Was nutzen mir die Diagnosen. Das schlimmste sind die Depressionen nach der Psychose. Das ist schlimm.

Manchmal möchte ich weglaufen, aber es bleibt mir nichts weiter übrig, als dass wir uns auseinandersetzen müssen. Es ist für mich das Schwerste, damit umgehen zu müssen, dass die ganze Sache erleichtert werden könnte, wenn mehr Aufklärung stattfinden würde. Bei der Ersteinlieferung hätte aufgeklärt werden müssen über psychische Erkrankungen. Ich hatte den Verdacht auf Hirntumor, jemand anders auf Magersucht, was an den Haaren herbeigezogen war. Aber von psychischer Erkrankung hat keiner geredet, obwohl das von Anfang an klar war. Dadurch wurden viele Fehler gemacht, die die Krankheit noch verschlimmert haben. Dass es die Möglichkeiten gibt, haben wir erst nach Jahren in der dritten Klinik mitbekommen, wo man sich wirklich für die Kranken interessiert hat und sie nicht nur mit Tabletten vollgestopft wurden. Es hat mich so wütend gemacht, dass das also möglich ist und nicht gemacht wird, jedenfalls in den meisten Kliniken. Es ist das Schwerste, damit zu leben, mit dieser Wut und der Ohnmacht. Überhaupt, schon bei der ersten Begegnung mit einer Nervenklinik habe ich eine Ohnmacht gespürt wie noch nie in meinem Leben, eine Beklemmung vom Schlimmsten. Das ist ein Gefängnis, habe ich gedacht. Auch das Personal. Mein Kind schwerstkrank, und die reden zu mir über Erziehungsmaßnahmen: sie soll keine Springerstiefel anziehen, sie darf diese oder jene Musik nicht hören ... Das war schrecklich. Lauter Zeug, was damit nichts zu tun hat! Ich war wie gelähmt und konnte nichts sagen.

Wenn mir das jemand erzählt hätte, dem hätte ich zu einer Anzeige geraten, aber selber in der Situation, da hat man keine Kraft. Man muss sich um das kranke Kind kümmern, zu mehr reicht es nicht. Deshalb ist so viel möglich. Die Angehörigen sind damit alleine und haben keine Kraft für mehr.

Medizinisch gesehen ist es für mich unmöglich, dass Menschen mit Wahnvorstellungen in einen Raum gesteckt werden, wo eine Kamera sie ständig beobachtet. Da wird alles noch schlimmer. Das hält kein Mensch durch, auch kein Gesunder. Das ist verbrecherisch. Der Druck wird erhöht, das über Tage. Dann lieber fesseln, ans Bett fesseln. Als Angehöriger wurde ich immer von oben herab beurteilt. Am Anfang noch wohlwollend, dann so wie: Fusch uns nicht ins Handwerk. Ich habe mich angelegt, für mein Kind gekämpft.

In der dritten Klinik, nach Jahren der Krankheit, hat ein Chefarzt mit mir geredet wie ein Mensch, mich auch als Mutter angehört und gefragt und Vorschläge von mir angenommen, mich eine Woche mit eingewiesen, um unser beider Verhältnis zu beobachten. Das tat so gut. Aber es gibt so wenig Ärzte, die so menschlich sind. Es ist schlimm, die Herabwürdigung der Kranken zu erleben, ein Nichternstgenommenwerden und eine maßlose Überheblichkeit bei Entscheidungen. Das ist nicht auszuhalten. Die Kranken sehen mehr durch, als wir Normalen denken. Ganz schlimm ist es für die im Heim, die keine Angehörigen haben, die sich zur Wehr setzen können. Was mit denen passiert, ist grässlich. Michelle hat das so große Angst gemacht, dass sie nie wieder in eine Klinik will.

Es ist nicht schlimm, dass die Ärzte nicht wissen, was gemacht werden kann, aber das Getue, dass sie es angeblich wissen, ist schlimm. Die Lügerei und die Überheblichkeit. Für solche Menschen habe ich keine Achtung. Ich will Ehrlichkeit. Wenn ein Arzt mir sagt, dass er vermutet, das oder das ist es, es aber nicht weiß, und das auch sagt, und mit mir dann redet über mögliche Hilfen, dann geht's mir gut. Aber Entscheidungen treffen über die Patienten, die es angeblich nicht wissen und steuern können – das ist ein Verbrechen. Das geht einfach nicht. Man kann nur mit dem Patienten und nicht gegen ihn was tun. Das hilft auch nicht. Woher wollen Ärzte und Wissenschaftler wissen, wie es Patienten geht, wenn man selber keine Schizophrenie gehabt hat? Das ist Quatsch! Wie in dem Buch über Schizophrenie, wo Kranke davon berichten, stehen zuerst die Ärzte und Wissenschaftler als Herausgeber. Das ist richtig falsch. Daran krankt das ganze System.

Auch die Wortschöpfung „Krankheitsgewinn" macht Michelle verrückt. Das kann ein Kranker nicht hören. Das ist Verhöhnung. Wenn man wieder gesund ist, kann man davon reden.

Die meisten psychisch Kranken wollen mit niemand mehr arbeiten. Es ist auch schlimm, wie die Art Verwahrung von ihnen aussieht. Nur wegschließen und wegsperren, bis sie wieder klar sind, ist alles. Das bringt nichts.

Dass sie sich an jemand anklammern, wenn es ihnen schlecht geht, das ist auch für mich nicht leicht. Wo sollen sie denn hin in ihrer Not, wenn die Zustände kommen? Auch gerade Kinder, was soll man machen? Wie sollen sie sich verhalten als sich beim nächsten Menschen anklammern?! In einer akuten Psychose kann man nicht mit ihnen therapeutisch arbeiten, das ist einfach eine Tatsache. Da kann man sie nur halten.

In all den Jahren ist eine Desillusionierung in mir passiert über die „Götter in Weiß". Die machen mir nichts mehr vor. Auch wenn sie mich für eine hysterische Mutter abgestempelt haben. Zum Glück haben sie sich nicht so viel trauen können, weil ich da war, für mein Kind mich eingesetzt habe.

Ich kann mir am wenigsten verzeihen, wenn ich mich gedrückt habe, feige war und nichts getan. Da, wo ich gehandelt und Fehler gemacht habe, dafür habe ich bezahlt, das war richtig, und da bereue ich nichts.

Ein Teil meiner Träume habe ich schon erfüllt, die Arbeit im ZOO, da war ich sehr glücklich.

Jetzt sind die Menschen wichtiger geworden. Das ist entstanden durch Michelles Krankheit. Ich habe eine Vorstellung, in einer Selbsthilfegruppe Menschen aufzuklären, um ihnen das zu ersparen, was wir erlebt haben. Und Leuten, denen

es so geht wie meiner Tochter, hier eine Möglichkeit zu geben für Erholung und einfach nur Dasein, mit den Tieren und der Natur.

Der Tod meines Mannes, der Schock, dann die Entwicklung danach und die Krankheit meiner Tochter haben mich sehr verändert. Am meisten die Krankheit meiner Tochter. Wie ich jetzt über Kranke denke, das hat sich sehr verändert.

Ich glaube, sonst wäre ich nur alt geworden.

Ich wünsche für meine Tochter eine Möglichkeit, hier im Haus mit ihrer Krankheit zu leben und mit dem was hier machbar ist, eine Entwicklung machen zu können. Ein Heim haben, wo sie in Ruhe gelassen wird und nicht mit irgendwelchen Reha-Maßnahmen in die nächste Psychose getrieben wird, das ist so wichtig. Ich wünsche, dass sie Schritt für Schritt sich eine Perspektive aufbauen kann und mit der Arbeit glücklich wird. Langfristig soll die Krankheit aufhören, sie zu quälen. Sie muss aufpassen, ihr hoher Grad an Sensibilität ist nicht leicht für sie.

Es gibt für mich eine Lebenswahrheit, dem Instinkt zu vertrauen, aufs Herz zu hören, nicht auf das, was einem eingeredet wird.

Wenn ich nochmal einen Partner haben sollte, wünsche ich mir einen Lebensgefährten, der mit mir ein Stück des Weges geht, weil wir die gleiche Richtung haben.

Melanie

„Ich wünsche jeder Frau eine innere Befreiung!"

Melanie ist 1959 geboren und ist eine jungendlich frisch wirkende Frau, wilde Haare, zarter Körperbau und lachend. Sie lacht laut und ein bisschen frech. Sie ist eine Frau, die sich mit dem Leben auskennt, die nichts ausgelassen hat und die sich nicht geniert, zu erzählen. Die Leute kennen sie, und sie ist beliebt. Sie hat ein großes Herz und Verständnis für die Menschen. Ihr Sohn lebt schon lange sein eigenes Leben. Melanie ist geschieden und lebt in einer Kleinstadt in der Lausitz.

Meine Großmutter ist meine wichtigste Person der Kindheit. Sie legte Karten und zauberte Warzen weg mit Geldstücken. Ich habe Zigeunerwurzeln mütterlicherseits, eben die Großmutter. Sie war ein „Bastard", so hat sie es mir immer erzählt. Ihr Vater war ungarischer Zigeuner und in Österreich Großgrundbesitzer, wo ihre Mutter angestellt war. Sie hätte ein eheliches Kind werden können, weil ihr Vater tödlich verunglückte, als er vom Pferde fiel. Aber seine Mutter wollte die Eheschließung am Grab nicht, so blieb sie ein „Bastard". Es war das Jahr 1911. Sie war aber später eine reiche Frau, weil der Vater ein Treuhandvermögen für sie hinterlassen hatte, da er von seiner Tochter wusste.

Ihre Kindheit war schwer, mit vielen Schlägen, einem Stiefvater und immer wieder zu fremden Leuten weggegeben. Sie hatte aber einen guten Mann und zwei Töchter, meine Mutter und meine Tante. Sie hätte noch zwei Söhne gehabt, die hat sie abgetrieben, weil sie damals in Polen lebte und fliehen musste. Sie hätte sie nicht durchgekriegt in der schweren Zeit. Ihr Mann ist in Holland gefallen. Da meine Großmutter keine reine Deutsche war und den Polen immer geholfen hatte, haben diese sie gewarnt, als der Umschwung kam, und sie konnte beizeiten mit den Kindern fliehen. Sie kam in die Flüchtlingslager, mal amerikanisch, mal russisch. Durch Verwandte sind sie in Sachsen sesshaft geworden. Meine Mutter ist 1938 geboren.

Meine Großmutter hatte heilende Hände. Ich habe mich so gerne von ihr anfassen lassen, sie war für mich wie die Mutter. Sie hat mich gerettet, weil meine Mutter mich abtreiben wollte. Die hatte heimlich geheiratet drüben im Westen. Als meine Großmutter erfuhr, dass sie schwanger war, holte sie meine Mutter nach Hause. Meine Eltern ließen sich scheiden, und meine Oma hat mich meiner Mutter weggenommen. Viel später heirateten meine Eltern wieder, und ich kam zurück in die Familie.

Jedenfalls bin ich auf einem Schloss geboren und ein Sonntagskind, ja, 1959. Ich hatte viele Geburtsverletzungen durch die Abtreibungsversuche meiner Mutter. Hatte einen Knickhals und eine verschobene Hüfte. Sie ist ja vom Schrank gesprungen, hat heiße Bäder gemacht, später mit Nadeln eingegriffen. Deshalb hat meine Oma gedacht, es ist besser, dass sie mich zu sich nimmt. Bin nicht abgegangen, habe festgesessen.

Ich konnte nicht nachvollziehen, warum meine Mutter das gemacht hat, denn sie hatte ja meinen Vater geheiratet. Mein Instinkt hat mir aber gesagt, dass er nicht mein Vater ist. Als ich danach fragte, bekam ich eine Ohrfeige vom Schlimmsten, und keiner hat mehr mit mir geredet. Aus irgendeinem Grunde fühle ich, dass sein Bruder mein Vater ist. Jedes Jahr kam er zu Besuch, und ich wollte immer mit ihm mitgehen, von innen heraus. Mein Cousin war wie mein Bruder, wir haben uns sehr geliebt, sahen wie Zwillinge aus, haben uns gesehnt nacheinander.

Als ich erwachsen war, wollte ich die Wahrheit rauskriegen. Wenn man zusammen schläft passiert was, und genau das wollte ich. Vor zehn Jahren habe ich es versucht und daraufhin gearbeitet. Ich schlief mit in seiner Wohnung und legte mich in sein Bett, einfach so auf den Bauch, habe nichts gemacht, aber er fing an. Hat mich berührt und gesagt, dass er das schon immer wollte. Und in seiner Umarmung habe ich die Wahrheit gesehen: Ich sah meine Mutter und seinen Vater für den Bruchteil einer Sekunde, jung und verliebt in uns beiden. Dann waren wir wieder ich und er. Es war alles wie erlöst. Wir waren frei, mit der Wahrheit waren wir frei. Es war gut. Ich habe auf meinen Bauch gehört, und das mache ich immer.

Ich habe meine Mutter später gehasst, nicht weil sie das alles gemacht hat, sondern weil sie von mir verlangte, dass ich mein Kind wegmachen sollte, als ich schwanger war, weil ich nicht verheiratet bin, obwohl ich mit dem Kindesvater zusammen war. Ich war 23 Jahre und wollte das Kind. Auch da hat mir meine Großmutter beigestanden. Ich dachte oft, dass sie meine Mutter ist und meine Mutter meine Tante. Ich kannte auch den nackten Körper meiner Oma, nicht den von meiner Mutter.

Jedenfalls päppelte mich meine Großmutter groß. Meine Mutter hatte keine Wahl, die Großmutter war Bestimmerin. Die Mutter war noch geschieden. Und ich war Nummer eins, auch für den Großvater. Kam in keine Kindereinrichtung. Als ich zur Schule kam, wusste ich nicht, was ich da sollte. Habe die Schule geschwänzt, weil ich die Klassenzimmer nicht gefunden habe. Ich kam nicht zurecht in der Realität, war dumm und naiv, auch ein Einzelgänger. Lief in Lederhosen herum und spielte am liebsten in warmem Teer, den Geruch liebte ich über alles. Ich war ein Omakind ohne Freunde, aggressiv, spontan und böse anderen Kindern gegenüber. Ich habe mir alles genommen, unschuldig, bis ich begriff, dass andere das Stehlen nennen. Mir waren nie Grenzen gezeigt worden, die musste ich selber erkennen, auf schmerzhafte Weise oft. Zum Beispiel habe ich alle Aluchips von den Mülltonnen vor der Schule abgemacht und mitgenommen. Wusste nicht, dass es Mülltonnen sind, weil wir zuhause ein Aschehaus hatten. Dann kam der Hausmeister in die Klasse und fragte danach, und ich sagte ihm, dass ich sie habe. Hatte keine Ahnung, dass man dafür bestraft wird.

Bis zur fünften Klasse hatte ich sehr schlimm alle Kinderkrankheiten durch, Scharlach dreimal. Ab dieser Zeit bin ich bewusst in die Schule gegangen und gern. Ich bin sehr sprachgewandt, und russisch hat mir gefallen, habe schnell und leicht gelernt. Meine Eltern heirateten wieder.

Sie heirateten also erneut, und es wurde meine Schwester geboren, die an einer schweren Hautkrankheit kurz nach der Geburt starb. 1970 kam mein Bruder auf die Welt. Er ist ein Vatikind immer gewesen. Ich habe ihn gehasst, weil alle sagten, dass er so schöne Wimpern hat. Ich habe sie ihm einfach abgeschnitten.

Mein Vater trinkt schon immer. Er war das männliche Wesen in der Wohnung, aber Vater? Meine Mutter machte Heimarbeit und mein Vater war Ingenieur. Ich hatte kein Vertrauen zu den Eltern. Habe alles alleine gemacht und wusste, was ich will, bekomme ich. Diese Kraft habe ich von meiner Großmutter geerbt.

Hatte mit 12 Jahren meine Tage. Ich konnte nicht zu meiner Mutter gehen. Habe alles mit einer Freundin besprochen und dann mit meiner Großmutter. Die ließ sich immer die „Bravo" aus dem Westen schicken, und die habe ich gelesen. Was da stand, hat mich sehr interessiert. Ich hatte ab siebter Klasse einen Freund. Wir haben uns geküsst, aber ich wollte nicht mit ihm schlafen. Als er es wollte, war Schluss, weil ich es nicht wollte. Er hat sich einer anderen zugewandt. Das habe ich nicht verstanden. Habe meinen Zopf abgeschnitten, ohne zu wissen, was das bedeutet. Hatte eine Kurzhaarfrisur von einem Tag zum anderen, und alle aus der Klasse haben mich „Lilo Hermann!" gerufen, weil wir das Melodram über sie gerade im Unterricht hatten und sie auch solch eine Frisur hatte.

Ich hatte damals im Prinzip einen Ekel vor Männern. Musste oft meinen Vater aus der Kneipe holen, der manchmal mir sagte, dass er sich in mich verlieben würde, wenn ich nicht seine Tochter wäre. Ich habe meiner Mutter gesagt, dass sie den Vater selbst aus der Kneipe holen soll, warum, habe ich mich nicht getraut zu sagen. Ich war stur und habe ihn wirklich nicht mehr abgeholt.

Ich war sehr romantisch. Hatte die Vorstellung, dass es beim ersten Mal ein älterer Mann sein musste, der Ahnung hat und mich führt. Wollte von ihm nur die Entjungferung und dann nichts mehr. So hatte ich mir das gedacht.

In der zehnten Klasse hat sich ein Lehrer für mich interessiert. Mein Sport- und Russischlehrer, Anfang Dreißig, blond, blaue Augen, schlank, nicht verheiratet, und hatte in jeder zehnten Klasse eine Affäre. Einmal habe ich durchs Schlüsselloch beobachtet, wie er mit meiner Klassenlehrerin Sex auf dem Lehrerpult gemacht hat.

Nun war ich seine Auserwählte, wurde ständig beobachtet. Einmal sagte er vor allen, dass ich einen schönen Hintern hätte. Es war mir peinlich. Ich konnte kein Gedicht mehr aufsagen, war blockiert und verklemmt. Was soll man als Mädchen machen, man ist hilflos. Dann sollte ich zu ihm nachhause kommen, was abholen. War aber schlau, habe eine Freundin mitgenommen. Damit hatte er nicht gerechnet.

Habe mich entjungfern lassen bei einem Konzert, da war ich 19 Jahre alt. Er war der Schlagzeuger der Band. Der hat mir gefallen. Ich habe es ihm gesagt, und er hat es gemacht, draußen auf der Wiese. Es ging ganz schnell. Es war dunkel, habe geblutet wie verrückt. Und es war sehr nüchtern, habe nichts gefühlt.

Meine Mutter hat mich immer kontrolliert. Sie hatte Angst, dass ich schwanger werde. Hat mich beobachtet. Ich hatte kein Vertrauen zu ihr. Sexuell war ich nicht aufgeklärt. Habe meine Eltern nie küssen oder zusammen gesehen. Das

Bad war abgeschlossen, immer.

Jahrelang hatte ich ein distanziertes Verhältnis zu Männern und konnte auch keinen Orgasmus erleben. Konnte mich nicht fallen lassen. War aber immer selbstbestimmt. Wenn ich nicht wollte, wollte ich nicht. War nie willig und den Männern hörig.

Nach der 10. Klasse lernte ich Kleidungsfacharbeiter in einem Frauenbetrieb und bekam dann eine Delegierung zum Studium nach Berlin, mit 19 Jahren. Das war schön. Inzwischen hatte ich einen Verlobten, das war damals noch so. Er kam aus Frankfurt an der Oder. Ein Highlight in meinem Nest. Alle Mädchen waren scharf auf ihn. Er sprach ja schon anders. Irgendwann wollte ich Rick haben und bekam ihn. Er wurde Offizier bei der NVA. Wir hatten noch nichts miteinander, da hat meine prüde Mutter verlangt, dass wir uns verloben, weil er immer zum Kaffeetrinken kam. Gut, haben wir uns verlobt. Der Leute wegen. Seine Familie war schrecklich, der Vater Trainer und Sportfunktionär. Musste als erstes die deutsche Flagge von meinen Jeans abschneiden, um die Wohnung betreten zu können. Waren Katholiken und Marxisten in Einem. Hatte mit Rick Sex in der Wohnung und traute mich danach nicht ins Bad über den Flur, habe mich an einem Katzenfell gereinigt. Rick war ein Egoist. Er sagte, dass er sich nur mit mir abgibt, weil er weiß, dass ich studiere. Mit einer Arbeiterin hätte er sich nicht eingelassen. Irgendwann habe ich den Egoisten durchschaut und habe Schluss gemacht. Ein anderer Grund war, dass ich nicht mit einem Manne zusammensein kann, der immer eine Uniform trägt. Das geht nicht für mich.

Wir entlobten uns, und ich ging nach Berlin. Er hat mehrere gescheiterte Beziehungen gehabt, und nach jeder Beziehung hat er mich gesucht.

In Berlin vergaß ich ihn. Das war eine neue Welt. Jeden Tag dachte ich, dass ich im Westen bin. Ich meine das Warenangebot. In Berlin gab es viel mehr zu kaufen, als in meinem kleinen Nest in der Lausitz. Berlin war das Aushängeschild der DDR für viele Touristen und für die Westdeutschen, deshalb konnte man dort vieles kaufen, was es im Land sonst nicht gab.

Ich lernte dort einen Polen kennen aus Westberlin. Er war 42 und ich 19. Ich war tanzen und verliebte mich sehr. Wir gingen nur noch in Bars, und er bezahlte alles. Mit ihm habe ich alles kennengelernt in der Sexualität. Er brachte vom Westen Verhütungströpfchen mit. Er kam aus Westberlin dreimal die Woche und musste immer 24 Uhr wieder drüben sein. Er hätte mich gerne mit rübergeschleust. Das ging ein Dreivierteljahr und hat mir sehr gefallen. Als ich ihn dann nicht mehr wollte, hat er mich geschlagen aus Eifersucht. Ich habe mich fallen lassen und ohnmächtig gestellt, da ist er erschrocken und hat mich liegen lassen. Ich war ihn los.

Dann kamen so einige Liebschaften, auch mit anderen Nationalitäten aus Marokko und Griechenland. Einmal hatten meine zwei Freundinnen und ich ein und denselben Mann. Alle drei haben wir festgestellt, dass er impotent ist. Wir hatten einen Spaß, als wir rausbekamen, dass wir ihn alle drei hatten. Wir trafen ihn auf der Strasse, und er ist bald nicht mehr geworden.

Ich sah damals gut aus, immer Sachen aus dem Westen, bunt und offen, und die Haare stellenweise rot. Ich hatte es gerne, zu fremden Männern in die Wohnung zu gehen und mich schlampig zu benehmen. Meine Klamotten in der Wohnung verteilen und so. Aber nicht bei mir zuhause, da will ich es ordentlich haben.

Dann kam Gerd, graue Haare, blaue Augen wie Kapitän Nemo, oh, ich sag dir! Ein Wochenende waren wir zusammen. Er hatte Freunde, die lebten in einem Abrisshaus in der Friedrichstrasse. Schrecklich, kein Wasser, kein Strom, an den Wänden war Schimmel. Dort musste ich abhauen.

Gerd war fünfmal geschieden und Bauingenieur in Vietnam, von der DDR geschickt. Er hat mich verwöhnt und alles für mich gemacht. Hat viel von Vietnam erzählt und wie schrecklich dort alles für die Menschen ist. Zweimal im Jahr kam er nach Deutschland. Seine Wohnung hatte Matten und schöne Vasen, eben ganz anders als andere Wohnungen. Er war sehr interessant, aber ich habe ihm was vorgespielt, was den Sex betrifft. Das konnte ich nicht ändern. Er hat mich gefragt, ob wir uns wieder sehen, aber ich habe „nein" gesagt.

Im Ballhaus, wo ich mit einer Gruppe Mädchen Spaß ohne Ende hatte, lernte ich einen Musiker kennen aus Bulgarien. Ein hübscher Mann. Aber es war komisch mit ihm, er konnte nur ein einziges Mal kommen, dann war es aus. Das ging immer schnell. Einmal nahm er mich mit nachhause und hat mich überrascht mit seiner Ehefrau, die von mir wusste. Sie boten mir ein Geschäft an, dass ich ihnen ein Kind austrage, weil sie keine Kinder bekommt. Ich habe nicht zugestimmt.

Dann lernte ich Tomas kennen, seine Eltern fuhren damals schon einen Mazda. Er war in der Wochenkrippe groß geworden und hat auf dem Bau gearbeitet. Der wollte mich heiraten. Ich war schwanger und habe es ihm gesagt. Wir wollten heiraten. Als ich bei seiner Familie war, hat seine Mutter mich mit dem Auto zum Bahnhof gebracht und mir gesagt, dass ich abtreiben soll. Ich habe diese Frau angeschrieen und das Kind verloren. Auf dem Plumpsklo in meiner Mietwohnung habe ich gesessen und geblutet mit riesigen Klumpen. Meine Vermieterin, eine alte Frau, brachte mir eklig schmeckenden Tee. Mit ihr konnte ich darüber reden. Mir ging es sehr schlecht. Ich war entsetzt und traurig über ihn, aber ich habe ihn geliebt. Dann erfuhr ich, dass er schon lange eine andere Frau hat. In der Nacht habe ich ihn mit meinem Holzschuh geschlagen, bis er eine Wunde hatte. Dann habe ich seine Wohnung kurz und klein geschlagen und bin gegangen. Eigentlich bin ich gegen körperliche Gewalt, aber es tat mir sehr gut.

Dann lernte ich meinen Mann kennen. Schon das erste Mal habe ich ein Paar Schuhe dort gelassen. Ich wollte unbedingt ein Kind. Ich war verliebt, er konnte kochen, war häuslich, sauber und lieb zu mir. Er hatte die Zuckerkrankheit vom achtzehnten Lebensjahr an. Ich wusste damals nicht, dass solche Leute sauer sind und es brauchen, sauer zu sein. Sie empfinden nichts. Ich wurde gleich schwanger, und als mein Sohn kam, hätte man mich auf eine Insel schicken können, drei Jahre. Ich habe nichts mehr gesehen außer das Kleine und mich. Ich war glücklich in der Schwangerschaft und ewig danach.

Die Geburt war normal in einem Krankenhaus der DDR. Aber nach der Entbindung 24 Stunden das Kind weggenommen zu bekommen, ist schrecklich. Die Milch schoss ein und mein Kind nicht da! Wegen der langen Trennung bekam ich bald eine Brustentzündung. Der Arzt befahl, das Kind zu holen und sofort anzulegen, und das tat gut. Das war meine Rettung, so hatte ich mein

Kind schon nach 6 Stunden bei mir.

Musste auch genäht werden, 14 Stiche, eine Stunde nach der Entbindung. Ich habe geschrieen und den Arzt in den Rücken geboxt. Der war lieb und hat es mir erlaubt. Die Wunde war groß. Danach hatte ich drei Jahre keinen Sex, ich hatte Angst. Aber ich hatte mein Kind und war glücklich. Habe gestillt ein Dreivierteljahr.

Den Vater habe ich nicht an mein Kind rangelassen. Ich glaube, dass ein Vater nur so weit Vater sein kann, wie ihn die Mutter an das Kind lässt, und ich habe ihn nicht rangelassen. Er war unser Ernährer und hat sich auch um das Kind gekümmert, war viel mit ihm unterwegs. Wir haben viel als Familie gemacht, Radtouren, Zugfahren usw., aber emotional habe ich den Vater nicht rangelassen.

Mein Mann ging im dritten Ehejahr fremd und hat mich mit Tripper angesteckt, dadurch ist es rausgekommen. Es war nicht die Krankheit, die mich verrückt gemacht hat, sondern die Lüge.

Wusste von nichts und wurde einfach zur Hautärztin bestellt, wo er und seine Geliebte saßen. Der hat mich auflaufen lassen.

Ich habe überlegt, zwei Monate, gegrübelt, Schnaps getrunken, der mir auch nicht geholfen hat, bis ich mich entschieden habe zu bleiben, bis unser Sohn aus dem Hause geht. Das habe ich meinem Manne gesagt. Er hat nichts gesagt. Ab und zu habe ich mich hingegeben, aber das hat nichts gebracht. Weiß nicht, ob er weiter fremd gegangen ist, das hat mich auch nicht mehr interessiert. So lebten wir dahin.

Ich wurde schwer krank durch den Liebesentzug, magerte ab, bekam eine Bandscheibengeschichte, Tinnitus und landete zum Schluss in der Tagesklinik der Psychiatrie. Ich war 41 Jahre alt.

Die haben nichts gefunden. Das war in der Zeit, wo mein Sohn auf die schiefe Bahn kam. Ich glaube, es war ein Schrei, dass bei uns nichts mehr stimmt. Ich habe viel falsch gemacht, mein Sohn und ich haben beide eine Therapie hinter uns. Vorher wollten wir uns beide umbringen.

Ich war eine verklemmte Frau geworden unter Psychopharmaka, zitternd konnte ich nicht mehr auf den Beinen stehen.

Irgendwann beschloss ich, von mir aus die Pillen abzusetzen und kam in einen entsetzlichen Entzug. Drei Tage ging es mir schlecht, richtig elend, dachte zu sterben. Dann bin ich zu meinem Arzt getobt, habe ihm das erzählt und gesagt, dass ich das letzte Mal da bin, da er mich nur mit Drogen vollgepumpt hat und meine Probleme nicht gelöst sind.

Dann habe ich eine richtige Therapie angefangen mit einer Frau, der ich alles erzählen konnte.

Ein Jahr später habe ich mich von meinem Manne getrennt. Ich wurde gesund. Der Tinnitus verschwand, ich hatte Jahre nicht schlafen können. Hatte mich mit ihm angefreundet, doch er blieb und quälte mich. Und auf einmal war er verschwunden, gleich nach der Trennung! Unglaublich!

Meine Rückenschmerzen verschwanden nach meinem ersten Orgasmus auf einer Decke im Wald, mitten im Wonnemonat Mai. Ich hatte einen so starken Orgasmus und habe so laut geschrieen, dass alle Vögel verstummten. Ich stand auf und der Rücken war heil. Ich wusste nicht, was ich sagen sollte. Von da an fing ich an zu leben. Er war ein Grufti, sieben Jahre jünger als ich. Überall wo es ging, hatten wir Sex. Einmal in einer Burg im Museum im Bett. Im Freien, im Auto, in der Badewanne, auf seiner Arbeit versteckt, auch Telefonsex. Er war ein Typ, der baute mir so viel Energie auf, dass ich nicht mehr konnte als ihn lieben und begehren. Wir haben es im Zug getrieben und überall. Wir mussten und konnten nicht anders.

Er sagte mir, dass er es nur so mit mir kann. Das war mit ihm wie ICH-WER-DEN. Er war mein Ritter. Ich habe mich rasiert und bin jung und selbstbewusst geworden. Das Rasieren hat mir ein neues Gefühl gegeben für meine Scham. Alles ist sichtbar und verletzlicher. Wenn der Mann auch rasiert ist, sind die Berührungen zarter und viel weicher, das hätte ich nicht geglaubt. Der Anblick ist für den Mann sehr erregend, wenn er mich so sieht. Aber beide müssen sich rasieren, sonst tut es einem weh.

Durch ihn habe ich gelernt, mich selbst zu befriedigen. Ich wünsche diese Befreiung jeder Frau, das einmal zu erleben. Ich würde den Schritt meiner Befreiung immer wieder tun, auch wenn ich nichts besitze und auf Scherben gehen muss.

Ich habe Dinge erkannt an mir, die ich vorher nicht kannte. Ich halte es mit mir selber aus, kann alleine sein, tagelang in meiner Wohnung, das ist wunderbar. Ich muss mich nicht waschen, will meinen Schweiß riechen, das ist interessant. Bin jeden Freitag und Samstag tanzen gegangen die ganze Nacht. Habe nur Wasser getrunken und mit mir alleine getanzt. Das war Therapie für mich, war ganz schlank geworden. Ich lebe nicht für die Zukunft und lasse mit mir leben, in mir leben und durch mich leben. Bin nie auf der Suche. Ich suche nichts. Wenn ich was Schönes sehe, nehme ich es.

Vielleicht lebe ich mal mit einer Frau zusammen in einer WG. War auch schon auf der Suche nach einem Kloster. Aber ich kann langsam sein und suchen, was für mich stimmt. Ich habe keine Angst vorm Altwerden und vorm Sterben. Wenn man gelebt hat, kann man auch sterben. Jahre sind nur geliehen. Doch möchte ich nicht vor meinem Kind sterben.

Jedenfalls habe ich meinen Liebsten verletzt, weil er ein Kind wollte und ich nicht. Wir treffen uns nur noch ab und zu und sind uns gut. Wenn wir zusammenziehen würden, wäre alles vorbei. Er hat noch andere Frauen, ich auch andere Liebhaber. Ich will es im Moment so. Fühle mich frei, weil ich keinen Mann mehr brauche, nicht zum Geldverdienen, nicht zum Kindaufziehen, für nichts. Das gibt mir ein lebendiges Gefühl.

Männer werden faul, wenn sie erst mal bei der Frau wohnen und für sie gekocht wird. Ich mag an Männern am meisten ihre Stimme und den Bartwuchs von drei Tagen.

Männer haben oft Probleme mit mir, weil ich keine Pille nehme zur Verhütung. Das ist so eine alte Schublade! Die denken, sie können ihren Schwanz überall reinstecken ohne Rücksicht. Aber nicht mit mir. Die erleben jetzt mal, was eine Frau ist. Sie haben auch gleich einen Schreck, wenn sie mit mir reden müssen, weil ich keinen Fernseher habe. Sie reden nicht gerne und hören auch nicht zu. Das ist ein Problem zwischen Mann und Frau.

Habe mich lange mit Drogen und den ganzen Problemen beschäftigt, weil mein Sohn richtig drin steckte in der Szene. Musste mit vielem durch, habe immer zu ihm gehalten, war aber immer ehrlich. Ich habe es angenommen wie es war und meinem Sohn versucht zu vermitteln, dass er trotzdem wertvoll ist. Ich habe Nächte gesessen und durchgeheult. Er hatte lange Therapie und Abbruch von sich aus. Hat jetzt eine Freundin und Freunde, fast alle aus der Szene. Die Normalen schämen sich mit ihm, das musste ich erst mal kapieren. Aber ich habe die Leute kennengelernt und meine Meinung revidiert. Die sind alle okay, muss ich sagen, dort hat er seine Chance. Er lebt, hat eine Wohnung, ist clean, hat sein Geld. Habe keine rosarote Brille mehr, was meinen Sohn betrifft und die Drogen überhaupt.

Viele Kinder der heutigen Zeit haben Drogenprobleme, ohne dass es ihre Eltern merken, vor allem die auf die Gymnasien gehen. Es betrifft unglaublich viele. Keiner will es nach außen publik machen. Die Eltern wissen nicht, was es bedeutet, wenn sie zuhause eine aufgesägte Colaflasche finden. Ich habe darin Erfahrung, weil mein Sohn mir alles erzählt hat. Die bauen sich selber eine Bon, wo sie die Dämpfe einatmen. Will auch gerne betroffenen Eltern helfen, aber nur einzeln. Es ist sonst zu schwer.

Ich habe auch einen Verehrer, der schon sehr alt ist und reich. Er kommt regelmäßig in die Stadt zu Besuch und würde mich heiraten. Er schickt mir immer rote Rosen und hat mir sein ganzes Leben erzählt. Ich würde ihn nicht heiraten, nur wenn ich ihn wirklich liebe. Ich genieße die Verehrung.

Ein Text von Melanie, selbst verfasst, kurz nach den Fotoaufnahmen:

„Melanies Baum"

Einsam stehe ich vor diesem Bild, lange schaue ich auf diese zarten, nicht mehr ganz jungen Hände, die liebevoll die Rinde eines Birkenstammes berühren.

Es sind schlichte Finger, ohne Schmuck, ohne Lack mit kurz geschnittenen Nägeln.

Man kann das behutsame Betasten jedes einzelnen Fingers auf der rauhen, schrundigen Hülle des Stammes erahnen.

Es ist, als würden diese Finger auf einer Körperhaut streichen und bei kleinen Unebenheiten verharren.

Beide scheinen sich zu kennen.

Der Handrücken zeigt Falten, wie sie vom vielen Geschirrspülen entstehen, dennoch wirkt er weich und locker, wie ein wollenes Tuch.

Die Enden eines schwarzen Strickpullovers kräuseln sich an den Handgelenken.

Wer ist Melanie?

Der Name bedeutet die Schwarze oder die Dunkle, und es war der Beiname der griechischen Erdgöttin Demeter.

Ein schöner, ein würdiger Name.

Bin ich Melanie?

Helene

„Humor ist alles. Mit Humor lässt sich jede Hürde nehmen.“

Helene ist Mutter von acht Kindern. Sie lebt mit ihrem Manne auf einem Bauernhof
im Harz, wo sie gemeinsam die Kinder groß gezogen haben.
Helene ist 46 Jahre alt, eine frische, lebendige Frau mit braunen, fröhlichen Augen
und weichen, sinnlichen und mütterlichen Formen. Die vielen Kinder sieht man ihr
nicht an. Sie ist beweglich und unverbraucht. Ihre Kinder verlassen nach und nach
das Haus. Sie ist eine Frohnatur und lacht viel.

Ich bin ein Sonntagskind. Geboren wurde ich im Sommer 1963. Meine Mutter sagt, da es ein Sonntag war, war es für sie entspannend. Wir sind fünf Geschwister. Ich war das dritte Kind und die erste Tochter. Bin hier im Ort großgeworden, und weggegangen, später bin ich wieder zurückgekommen.

Meine Kindheit ist überlagert mit viel Stress durch meinen Vater, der war Alkoholiker. Das bringt Unruhe und viel Streit mit sich, Türen flogen und Tränen flossen. Einmal habe ich erlebt, wie mein Bruder Prügel bezogen hat von meinem Vater, im Suff, da war ich fünf. Ich habe das nie verstanden, aber je mehr ich mich mit dem Thema beschäftigt habe in den letzten Jahren, desto besser begreife ich es. Wenn man Kinder beobachtet, die aus einem geschädigten Milieu kommen, sieht man, dass sie ihre Familie immer verteidigen, und das habe ich auch gemacht. Ich habe meinen Vater immer verteidigt.

Die schönen Dinge waren, mit meiner Mutter am Wochenende in die Pilze gehen, alle Geschwister mit, oder Beeren sammeln. Im Wald war es immer schön.

Klar, ich war bei den Pionieren und bei der FDJ. Meine Mutter, die stammt aus einem christlichen Elternhaus, und wir sind gerne zu den Großeltern gegangen, obwohl mein Großvater ziemlich streng war. Der hatte jahrelang in Bautzen eingesessen, weil ihm vorgeworfen wurde, republikfeindlich zu arbeiten. Aber das stimmte nicht. Das war 1949. Er wurde „Kollaborateur" genannt. Die Oma und der Opa haben nie darüber gesprochen.

Meine Mutter war christlich aufgewachsen, und nach der Konfirmation hat sie sich die Zöpfe abgeschnitten und ist in eine größere Stadt gegangen, wollte alles anders machen. Kam wieder, hat meinen Vater geheiratet und in einer Fabrik gearbeitet. Sofort war sie im Kollektiv „8. März" und Kandidatin der SED. Aber in all den Jahren habe ich nichts über die Partei meiner Mutter gehört. Ich denke, die hat das einfach gemacht, weil es so schön war mit den Frauen zusammen. Sie haben viel zusammen unternommen, und gut. Als ich mich später bekehrt habe, war das für sie kein Problem als Genossin der SED. Aber dass ich mit dem Pfarrer seinem Sohn was hatte, das war ihr ein Problem.

Väterlicherseits kannte ich nur seine Mutter, aber so inniger Kontakt war da nie. Der Vater war wohl auch Alkoholiker. In der Familie gab es keinen Zusammenhalt. Was ich weiß, dass meine Oma ein Ausrutscher war. Sie ist von einem durchziehenden Zigeuner gezeugt worden, von daher meine dunklen Augenbrauen, die Haare, auch das Aussehen von meinen Kindern und mein Fernweh. Ich habe manchmal Fernweh. Das habe ich auch an meine Kinder weitergegeben. Ich frage mich, warum ich keinen Ehering trage. Ich will nicht beringt sein, wiewohl ich die Ehe sehr wertschätze. Es hat mich über Wasser gehalten, wenn es mal ganz schlimm war, dass man auch aufbrechen kann. Man wird es nie machen, aber der Gedanke ist erleichternd.

Auf dem Dorf passiert ja nicht viel, und ich war immer gerne in Bewegung. Und mit zehn Jahren ging ich dann zum Sport, zum Wintersport. Im Sommer durch den Wald laufen, im Winter auf Schiern. Ich war gut und kam ins Bezirkstrainingszentrum. Das brauchte immer eine Delegierung. Man konnte nicht einfach dahingehen, so war das in der DDR. In der achten Klasse kam ich dann zur Sportschule. Wollte Leistungssportlerin werden, hatte einen Ehrgeiz. Bin also schon mit dreizehn Jahren von zuhause weg ins Internat, was mir überhaupt nichts ausgemacht hat. War wochenlang nicht zuhause und hatte keine Not damit, das war für mich in Ordnung. War endlich raus aus dem familiären Stress und musste nicht mehr drüber nachdenken.

Die Zeit an der Sportschule war in meiner Jugend meine schönste Zeit. Das Miteinander und die Kameradschaft und die gemeinsamen Hochs und Tiefs überstehen, das hat mich tief geprägt. Ich habe einen großen Gemeinschaftssinn erhalten, ich weiß nicht genau, ob nur davon, jedenfalls habe ich ihn. Es war richtig gut. Und politisch, das war für mich kein Thema. Wir haben Präparate bekommen, Magnesium und Eisen, der Körper hat einen Verschleiß. Aber kein Doping, das ging erst später los. Habe mich auch immer gut gefühlt in meinem Körper.

Mit der Menstruation hatte ich erst mal ein Problem, weil ich nicht mehr baden gehen konnte, na ja, ich war zwölf oder dreizehn. Bin zu meiner Mutter gegangen und habe gefragt, was ich machen soll. Sie hat gelacht und gesagt, im Bad liegen Binden, und dann war es für sie erledigt, und ich hatte einen Frust, weil es mich eingeschränkt hat. Es war keine lange Phase, dann wuchsen meine Brüste, und ich fand mich auch schön.

Mein erster Freund an der Sportschule fand mich auch schön. Aber ich hatte vor meiner Ehe keinen sexuellen Kontakt. Weiß auch nicht, woran das lag. Mein Vater hat immer gesagt, dass ich ja nicht mit einem Jungen nach Hause kommen soll. Meine Brüder durften alles, ich habe alle Freunde hundert Meter vor der Haustür verabschiedet. Ich hätte es auch nicht gewollt, es wäre mir alles zu nahe gegangen. Innerlich habe ich gewusst, dass ich mich für jemanden aufhebe. Sicher lag es auch daran, dass mein Vater im Rausch versucht hatte, sich an mir zu vergehen und ich niemand an mich mehr nahe ranlassen konnte.

Ich habe ihn dafür gehasst, aber ich habe vor seinem Tod Frieden gemacht mit ihm, sonst kann man keine Ehe leben, das nimmt man alles mit. Ich habe es auch genossen, mit Jungs zusammenzusein, freundschaftlich, aber auch mit Schmusen. Sie sind mir die angenehmeren Kumpels, besser als mit Mädchen.

Meine Mutter sagt, ich hätte keine Pubertätsprobleme gemacht und keine Zickengeschichten. Kann sein, dass ich das alles im Sport ausgelebt habe.

Ich musste dann auf der Sportschule aufhören, wegen meiner Kniegelenke. Musste wochenlang gespritzt werden, und konnte nicht mehr richtig trainieren. Dann hat man keinen Erfolg mehr.

Wollte Physiotherapeutin werden und konnte es nicht, weil es keine Ausbildungsplätze gab.

Es gab die Möglichkeit, Unterstufenlehrer zu studieren, und das habe ich auch gemacht.

Die erste Zeit dachte ich immer, wo bin ich hier hingeraten, drei Etagen nur Frauenzimmer und ich unter so vielen Mädchen. Und dann der ganze politische Quatsch, Marxismus-Leninismus und noch Russisch dazu. Das habe ich nicht verstanden. Ständig Fragen, ob man Kandidat der SED werden will, schrecklich. Da habe ich echt Abstand genommen.

Dann habe ich Johannes kennengelernt, meinen Mann, in einer Truppe Langhaariger. Dort bin ich dazugestoßen, und dann wurde mein Leben interessanter. Wir sind dann Wochenende für Wochenende irgendwohin gezogen zu den ganzen Musikgruppen: „Vincent und Sterne", „Gipsy", „Stefan Diestelmann", „Holger Biege". Das war echt cool, das war unsere Musik, und ich bin mitgezogen.

Den einen Sommer sind wir nach Bulgarien getrampt. Wir haben uns aufgeteilt, immer zu zweit, Mädel und Junge, aus Sicherheitsgründen, und wir machten einen Treff aus auf der Partisanenwiese im Rilagebirge. Wir sind gewandert, es war herrlich. Meine Mutter fand das nicht gut, weil sich die Kleiderordnung bei mir veränderte und ich am Wochenende so verlebt aussah. Am liebsten trug ich eine braune Cordhose, knalleng, mit Hand abgenäht, eine Röhre, und ein kariertes Hemd von meinem Vater. Lange Haare war klar, manchmal geflochten. Meine Kinder lachen sich scheckig, wenn sie Fotos aus der Zeit sehen.

Dann hat mich Johannes mitgenommen zu Theo Lehmann, den Jugendpfarrer, und das hat mich gleich ins Herz getroffen, weil ich die ersten Male meinte, er redet von mir. Wie es in einem aussieht, welche Ärgernisse und Sorgen man hat, auch die Rebellion gegen die Eltern und die Probleme damit, man fühlt sich nicht wohl dabei, wenn man so einen Hass hat. Egal ob der begründet ist, aber man fühlt sich nicht wohl. Es hat mich richtig getroffen, was der so gesagt hat, habe mich auch als Opfer gesehen, und dort habe ich das erste Mal erkannt, dass ich für mich selbst verantwortlich bin. Ich hatte zwar keinen guten Vater, aber Gott als Vater war mir sofort sehr nahe. Weil ich wusste, mein Vater hat versagt, aber es gibt einen guten Vater. Von da an habe ich damit sympathisiert. In Frieden mit sich leben, das ist eine große Kraft.

Dann habe ich Johannes näher kennengelernt bei einem Hansi-Biebl-Konzert. Seine Ausstrahlung und seine blauen Augen sind mir immer schon aufgefallen, ich wusste, der ist anders, tiefsinniger. Ich habe ihn dann gefragt, ob ich mal schreiben kann, denn er ist schüchterner und hätte das nie gefragt. Dann waren wir mal zusammen bei Theo Lehmann und später in der Sächsischen Schweiz boofen, dort haben wir viel übers Leben geredet, und mir hat gefallen, wie seine Träume und Visionen sind.

Er hat als Diakon in der Kirche gearbeitet, er ist Pfarrerssohn. Er hat auf Kirchenland eine kleine Landwirtschaft gemacht, und ich habe am Wochenende mitgeholfen. Kartoffeln ausmachen und Getreidegarben binden, das hat mir Spaß gemacht. Alle Erträge sind in die Kirchgemeinde geflossen. Es war biologische Landwirtschaft. Man hat es nicht so genannt, „gesunde Naturabläufe" hieß es. Das war so ungefähr 1979.

Irgendwann während des Studiums musste ich ins Wehrlager, um auch schießen zu lernen. Da habe ich gesagt, das mache ich nicht mit. Theo Lehmann, „Schwerter zu Pflugscharen", das hatte mich erreicht. Ich wollte nicht schießen lernen und habe mit dem Direktor unqualifiziert diskutiert, war ja nicht vorbereitet. Dann hat er gesagt, dass ich dann von der Schule gehen muss, und ich habe gesagt, dann gehe ich eben. 24 Stunden später war ich vor der Tür. Mein Vater hat mich rausgeschmissen, und ich bin zu Johannes und seinen Eltern gezogen. Habe ein Jahr lang in einem christlichen Altersheim gearbeitet. Das war hart. Früh um sechs bis abends um acht habe ich gearbeitet. Mit den Schwestern mit und ihren Rhythmus. Ich akzeptiere es heute, habe den letzten Schliff bekommen, mich unterzuordnen.

Während dieser Zeit haben wir geheiratet, 1982. Johannes' Familie ist meine Familie geworden. Er hat noch sechs Geschwister, und alle halten zusammen. Da ist immer was los.

Wir waren im Hochzeitsurlaub, und da ist unser erstes Kind entstanden. Und eigentlich wollte ich nie heiraten und hatte mir keine Gedanken gemacht, Kinder zu kriegen. Habe ja auch nie mit Puppen gespielt. Das ist alles anders geworden mit Johannes und seiner Familie, wo überall Liebe strömen kann, weil ein Zusammensein in der Familie ist. Aber dass ich gesagt hätte, ich wünsche mir Familie und Kinder, so war das nicht.

Ich wusste, dass ich schwanger bin, und da war ich eben schwanger. Wusste gar nicht, dass ich in die Schwangerenberatung musste. Bei der Untersuchung habe ich mich geweigert, mich von einem Mann vaginal untersuchen zu lassen. Das ging für mich einfach nicht. Das habe ich aus dem Bauch heraus entschieden, und in meiner Akte stand dann: Patientin verweigert vaginale Untersuchung. Erst in der vierten Schwangerschaft habe ich mich untersuchen lassen von einer Frau.

Die Entbindung war dann in einem fortschrittlichen Krankenhaus mit „rooming in", und der Vater durfte dabei sein. Es war keine lange Geburt, war aber gerissen. Ich wurde genäht von einem Arzt, der mit dem Telefonhörer am Ohr mich nebenbei nähte. Das war entwürdigend. Ich hatte mal von Indianerinnen gelesen, dass sie die Augen schließen, um Situationen auszublenden. Das habe ich gemacht. Ich habe einfach die Augen zugemacht und war nicht mehr da, nur noch meine Hülle. Ich wollte das nicht an mich ranlassen, ich glaube, ich hätte mich zu tote geschämt. Das kann ein Mann nicht nachvollziehen, wie einem da ist.

Aber ich habe alle meine Kinder leicht bekommen.

Als mein erstes Kind im Bauch war, haben wir uns das erste Mal unterhalten, wie viele Kinder wir wollen. Und wir haben so im Spaß gesagt, dass wir sieben wollen, weil in Johannes' Familie sieben Geschwister sind. Nach dem fünften Kind wollten wir Schluss machen.

Ich hatte eine gute Freundin, sie war auch eine Verwandte mit fünf Kindern, die hat mir immer gute Dinge gesagt, mir unter anderem das Buch gegeben von Ruth Heil „Du in mir", wo alle Fragen zu Schwangerschaft und Geburt beantwortet wurden. Auch ein Buch über natürliche Empfängnisverhütung. Wir wollten danach leben, es hat aber nie funktioniert. Die Pille wollte ich nicht.

Es war oft nicht leicht mit dem Sex und den vielen Kindern. Entweder ich habe gestillt oder ich war schwanger, und dann habe ich wieder gestillt und war bald wieder schwanger.

Diese Sehnsucht, die ich hatte, einmal durchzuschlafen, nur ein einziges Mal! Diese Sehnsucht kann ich heute noch beschreiben. Ich sage immer, das Bett ist mein bester Freund. Ich höre es immer rufen. Ich gehe so gerne ins Bett und heute auch wieder mit meinem Manne, aber es gab Zeiten, da wollte ich alles um mich herum dichtmachen. Männer haben oft kein Verständnis dafür. Ich will meinem Manne keinen Vorwurf machen, Frauen fühlen anders als Männer. Wenn ich manchmal in Zeitschriften lese, dass Frauen Schwierigkeiten haben, einen Orgasmus zu bekommen, dann ist es für mich ein Geschenk, weil ich das nicht kenne. Ich bin voller Lust und Freude, das ist wirklich ein Geschenk, bin selten unbefriedigt aus dem Bett gegangen. Ich kann meinen Mann immer gut riechen, das ist für mich sehr wichtig.

Gut, ich bin rundlich geworden nach den Kindern, aber ich glaube, dass jede Frau ihre Figur hat, und ich habe eben meine, bin Mutter und werde vielleicht bald Großmutter. Die „Dürrhagen" haben auch ihre Probleme. Außerdem interessiert mich zuerst an einem Menschen, ob Mann oder Frau, das Gesicht und der Ausdruck der Augen.

Trotzdem war ich eifersüchtig, als mein Mann eine zeitlang zum Aktzeichnen ging, obwohl er gesagt hat, dass es ihm nichts ausmacht, die schönen Frauen. Das habe ich ihm nicht geglaubt.

Ich weiß von anderen Frauen, dass viele Frauen eifersüchtig sind, wenn die Männer sich anderweitig interessieren, aber sie sagen nichts. Ich sage es und mein Mann meint, ich würde es übertreiben. Aber wenn ich von etwas überzeugt bin, dann lasse ich nicht locker, das vertrete ich.

Großgezogen habe ich meine Kinder mit viel Humor. Humor ist wichtig. Ich weiß nicht, woher das kommt, vielleicht ist es ein Erbe, ein Geschenk. Ich habe zu DDR-Zeiten Windeltöpfe gekocht in der Küche, und die Kinder haben dabei gespielt, und ich habe noch ein Lied gesungen. Es gab auch harte Zeiten, wo mir bald die Finger im Waschhaus abgefroren sind. In meinem Kopf haben sich dann so lustige Szenen abgespielt, wo ich dann wieder lachen musste, habe mich von außen gesehen, und dann war alles nicht mehr so schlimm. Meine Kinder sind geboren 1983, 1984, 1986, 1987, 1989, 1991, 1994, 1996. 2000 kam unser Milleniumskind. Fünf Jungs und vier Mädchen. Das letzte Kind habe ich als mein letztes Kind ganz bewusst gewollt. Dann habe ich mich sterilisieren lassen, und das war wirklich dann auch in Ordnung. Mein Körper war auch verbraucht fürs Kinder kriegen. Mein letztes Kind kam so schnell, ohne es zu merken, ich hatte einen sehr hohen Blutdruck. Nach der Entbindung hatte ich so schreckliche Kopfschmerzen, dass ich dachte, dass ich sterbe. Habe lange gebraucht zur Erholung.

Es war schön, sehr schön mit den Kindern. Sicher war ich überrascht, ach, schon wieder schwanger. Ach, wie sagst du das nur, nicht meinem Manne, aber den anderen Leuten, meinen Eltern zum Beispiel. Nach dem zweiten Kind hatten wir einen Jungen und ein Mädchen. Da haben sie schon gesagt, dass es nun gut wäre, obwohl meine Mutter auch fünf Kinder hatte und alleine großgezogen hat. Sie meinte, mich bewahren zu müssen vor demselben Leid, das sie erlebt hat. Aber ihre Ehe war anders als meine.

Als ich zu Gott fand, hat mich der Spruch fasziniert: „Er hat mich von Mutterleib gekannt". Wer kennt einen denn so gut, wie unser Schöpfer uns kennt?! Da habe ich mich aufgehoben gefühlt. Ich wollte immer eins sein mit ihm, und es gab die natürliche Frage, was ist denn mein Weg. Und ich wusste von Anfang an, dass es in der Empfängnisverhütung einen natürlichen Weg geben muss. Wusste nicht wirklich, wie ich dazu stehe, das ist dann so gekommen, immer wenn ich schwanger war, „ja" zu sagen zu dem Kind. Wenn Gott uns ein Kind schenkt, dann schenkt er es. Hier im Dorf lebt eine alte Frau, die sagte immer den Spruch: „Lässt der Herr ein Schäflein wachsen, lässt er auch ein Gräslein wachsen." So abgedroschen das ist, es ist wahr.

Den Hof haben wir von einer alten Frau übernommen und von Selbstversorgung gelebt mit Kühen, Feld und Garten, Butter selber gemacht, Brot gebacken usw. Die ersten Sachen haben wir aus Überzeugung gegessen, die haben nicht so sehr geschmeckt. Aber es wurde immer besser. Das Höchste war dann der Käse, der war lecker. Die erste Zeit haben wir noch nicht mal Kindergeld genommen vom DDR-Staat, weil wir uns nicht abhängig machen wollten. Nach der Wende hat sich unser Denken gewandelt, denn der Staat braucht Kinder, da haben wir dann Geld genommen. Da ging auch dann der Stress los. Freie Marktwirtschaft bis zur Insolvenz. Haben manche Entscheidung falsch getroffen. Das war echt hart. Aber wir hätten sonst die Erfahrung nicht gemacht.

Im Vorfeld hätte ich mir kein landwirtschaftliches Leben rausgesucht. Aber, wenn mich jetzt jemand fragt, was ich mir ausgesucht hätte, dann vielleicht ein landwirtschaftliches Leben, weil es so bunt und vielfältig ist. Wir haben alles gemacht, gewebt und gesponnen. Wir haben die tollsten Sachen gemacht, und viele Leute kamen zu Besuch, weil wir so anders lebten.

Die Kinder sind groß geworden, ohne ihnen speziell was bieten zu müssen. Sie waren einfach dabei, sind in keinen Kindergarten gegangen. Sie haben kleine Rechen bekommen und mit Heu gewendet, sie waren eben immer dabei. Die Kinder sagen, dass sie eine schöne Kindheit hatten. Mein Mann hat die ganzen landwirtschaftlichen Geräte in klein gebaut, und die Kinder haben gespielt, den lieben langen Tag, als müssten sie selber den Acker bestellen. Die Mädchen haben sich im Pferdestall Küchen eingebaut und mit alten Töpfen gespielt und Gräser gekocht und Beeren. Das war ein natürliches Aufwachsen.

Das Härteste überhaupt in meinem Leben war, dass wir unser siebentes Kind verloren haben, ein kleiner Junge. Er war eineinhalb Jahre alt. Ein zierlicher Knabe mit großen Kulleraugen. Ich glaube, er wäre ein sehr tiefsinniger Mensch geworden. Die Kinder haben ihn mit zum Spielen auf den Hof genommen. Kurze Zeit danach ist mein Mann mit dem Traktor auf den Hof gefahren, und der Kleine wollte seinem Vater entgegenlaufen. Johannes hat nicht gesehen, dass der Kleine kommt. Er ist am Kopf von einem Traktorrad erfasst worden. Mein Mann bringt das Kind hoch in die Wohnung, von da an weiß ich nur noch Bruchstücke aus dieser Zeit. Ich weiß auch nichts mehr von der Beerdigung. Außenstehende erzählen mir immer mal was aus der Zeit. Ich weiß nur noch, dass ich jeden Tag um meinen Mann gebangt habe, dachte, er nimmt sich das Leben, und ich habe über ihn gewacht. Wie will man jemand trösten, wenn man selber keinen Trost hat. Viel später erst habe ich die Trauer zugelassen.

Und Gott ist auch gnädig. Ich hatte einen Traum, wo ich eine schlimme Nacht hatte und Gott gesagt habe, wie sehr mir dieses Kind fehlt, sein Geruch, das Stimmchen, die Haut mit dem Flaum an der Wange. Da hat Gott mir ein Bild gezeigt im Traum. Eine weiße Lichtgestalt, ich sage Jesus dazu, wie er mein Kind trägt, und ich sehe das Gesicht meines Sohnes, wie er glücklich ist. So tröstet Gott, wie ein Vater tröstet oder eine Mutter. Da konnte ich dann innerlich loslassen. Ich habe es auch meinen Kindern erzählt, die sich auch schuldig gefühlt haben, besonders die große Tochter, die aufgepasst hat. Nach meiner Erstarrung habe ich viel mit ihr geredet. Sie ist heute frei von Schuld.

Eine Zeit lang habe ich mir auch Schuld gegeben. Habe mich entwurzelt gefühlt auch im Glauben, habe immer den nächsten Baum gesucht. Aber da waren ja noch die anderen Kinder.

Ich glaube es ist das Schlimmste, was einer Mutter passieren kann, wenn ein Kind stirbt. Es ist wie ein Vulkanausbruch. Es bleiben Sachen zurück. Mein größter Horror ist, dass einem weiteren Kind was passieren kann. Mein großer Sohn fährt Motorrad. Ich will keine Mutter sein, die den Kindern Angst macht, und so sage ich immer: „Ich wünsche dir eine behütete Reise." Aber ich bin ein anderer Mensch geworden. Die andere Seite ist, ich kann vieles ganz anders ausloten und verstehen.

Als ich mein erstgeborenes Kind ins eigene Leben loslassen musste, habe ich Ähnliches gespürt beim Abschied. Ich habe bitterlich geweint, tagelang, obwohl ich wusste, dass meine Tochter wiederkommt. Wieder loslassen! Jetzt habe ich schon oft loslassen müssen und das Gefühl ist mir vertrauter. Auch meine eigenen Wünsche und Vorstellungen, was die Kinder betrifft, wenn sie ins eigene Leben gehen. Ein weiser Mann hat mal zu mir gesagt: „Bis zum vierzehnten Lebensjahr kann man mit den Kindern über Gott reden. Dann muss man mit Gott über die Kinder reden." Das merke ich all zu deutlich in den letzten Jahren. Meine Kinder suchen alle selber, und sie müssen Suchende sein, sonst kommen sie nicht an. Ich war ja auch eine Suchende. Und immer wieder muss ich loslassen.

Die Zeiten jetzt sind für die Kinder auch nicht einfach. Aber es war gut, dass die Grenzen fielen. Mein Mann sollte wegen Wehrdienstverweigerung 1989 eingesperrt werden, und ich bin nach Berlin gefahren zu dem Rechtsanwalt, dass er die Verteidigung übernimmt, hochschwanger. Wir sind verschont geblieben, weil die Mauer fiel. Auch die ganzen Stasisachen, dass das mal ein Ende hatte. Wir waren sehr froh, sehr.

Im Oktober 1989 lag ich zur Entbindung im Krankenhaus, und ich hörte von den ganzen Leuten, die über die Botschaften und über Ungarn abgehauen sind. Ich dachte, ich treffe keinen mehr an, wenn ich nach Hause komme.

Ich unterscheide den Alltag und die Politik. Der Alltag war viel einfacher in der DDR, auch gerade auf dem Dorf, mit den Leuten und so. Viel mehr Zusammenhalt war da, und das einfache Leben war gut. Auch wenn man wegen Bananen anstehen musste.

Als die Grenzen fielen und die freie Marktwirtschaft kam, hatten wir es schwer. Mussten ja auch in die Insolvenz gehen. Aber ich muss auch sagen, dass es mich wütend macht, wie wenig die Mütter anerkannt sind in dieser Gesellschaft oder eben Familien, die so viele Kinder haben wie wir. Welche entwürdigenden Erfahrungen ich auf dem Arbeitsamt gemacht habe, wenn ich sage, dass ich wegen der Kinder nicht gearbeitet habe. Und nie genug Geld für uns alle! Es macht mich wütend, dass die Gesellschaft meine Arbeit zuhause und das Großziehen der Kinder so wenig anerkennt, weder mit Worten noch materiell. Dabei geben wir Mütter mit den Kindern dem Staat die Basis für die Zukunft. Ich habe in meinem Geiste schon viele Briefe an die Familienministerin geschrieben. Erst dachte ich, dass sie gut in dem Amt ist, weil sie selbst Kinder hat, aber sie gibt sie ja weg und zieht sie nicht groß. Sie redet von mehr Kindertagesstätten. Als ob es darum ginge. Es geht um die Anerkennung der Mutterschaft, um eine echte Würdigung dieser Arbeit. Das ist wie ein Unternehmen führen, und man hat viele verschiedene Berufe, wenn man die Kinder zuhause großzieht. Wenn ich darüber rede, werde ich immer wieder wütend.

Es ist ein gutes Gefühl, Reisen machen zu können, dass die Grenzen offen sind. Aber dass man die Schulen so westmäßig verändert hat, ist auch eine Schande. Das war vom System nicht so schlecht in der DDR, natürlich, die Diktatur darin, die musste aufhören.

Ich habe einen Traum, einmal mit einem Wohnmobil durch die Welt ziehen, bleiben, wo es mir gefällt, hier und da arbeiten. Vielleicht mit meinem Mann, er hat sicher auch Lust dazu.

Ich wünsche mir, gesund alt zu werden und reifen können und weise werden. Äußere Wünsche habe ich keine. Es macht mich glücklich, wenn ich mit interessanten Leuten gute Gespräche habe oder ein gutes Buch lese. Ich bin auch glücklich in der Natur oder wenn ich gute Musik höre.

Meinen Kindern wünsche ich, dass sie mit ihrem Schöpfer verbunden sein können und dadurch Vertrauen ins Leben finden können.

Ein Auszug aus Helenes Tagebuch:

September 1989.

Ich war heute wieder beim Arzt zur Kontrolle und bin jedes Mal happy, dass alles i.O. ist.

Ich weiß jetzt, dass es ein Mädchen wird. Ich bin so dankbar für das Leben in mir.

Aber der Heimweg war wieder beschwerlich. Wenn ich nur selbst Auto fahren könnte, dann würde mir das lästige Spießrutenlaufen durchs Dorf auch erspart bleiben. Manche Leute gaffen mich an, als hätten sie noch nie eine Schwangere gesehen. Aber ich kann mir schon vorstellen, was in deren Köpfen so vor sich geht. Ich halte meinen Blick nach innen gerichtet und werde mir meine Freude und Dankbarkeit nicht nehmen lassen.

Ringsherum brodelt es im Land, und ich bin mit meinem dicken Bauch und meiner Kinderschar beschäftigt. Vielleicht ist das gut so für mich. Dennoch macht es mich unruhig, wenn ich über diese Vorgänge nachdenke. Aber die Unruhe ist ja auch von außen so greifbar. Und wie es ausgeht, weiß ja keiner.

Wanda

„Habe ich nicht das Recht zu erfahren, dass ich geliebt werde?"

Wanda ist 45 Jahre alt, hat braunes Haar und große sprechende Augen in einem offenen Gesicht. Manchmal ist in ihm Schmerz oder Traurigkeit zu sehen, aber genauso oft Fröhlichkeit und Lachen.

Sie ist ein Urgestein, wie der Volksmund sagen würde. Eine Frau mit einem großen Herzen, die das Leben hart rangenommen hat, aber nicht daran zerbrochen ist. Sie ist eine Kämpfernatur, sehr direkt und ehrlich in ihrem Wesen. Ihre Kindheit musste sie in einem Kinderheim verbringen.

Sie lebt mit ihrem zweiten Mann in einer sächsischen Großstadt und hat fünf Kinder. Die ersten drei, es sind Söhne, haben bereits die Familie verlassen.

Meine ersten Kindheitserinnerungen sind in einem Raum, wo viele Gitterbetten stehen und ich mit einem Mischlingskind auf dem Boden spiele. Ich bin ca. zwei Jahre alt, und wir beiden können uns gut leiden. Die nächsten Erinnerungen kommen bei meiner Pflegemutter, wo ich geglaubt habe, dass sie meine richtige Mutter ist. Alltag, ich gehe in den Kindergarten. Bin ca. 4 bis 5 Jahre und weiß nicht, wie ich dahin gekommen bin. Es fehlt mir ein Stück meines Lebens. Vielleicht stecke ich deshalb irgendwie fest. Das lässt mich nicht zur Ruhe kommen, weil ich nicht weiß, wo ich ansetzten soll. Ich kann keine Fragen stellen, wie das damals mit mir war.

Meine leibliche Mutter hat mir später gesagt, dass ich zwei Jahre bei ihr gelebt hätte. Dann hat sie mich und meine vor mir geborene Schwester zur Adoption freigegeben. Sie hat es nicht mehr geschafft und hat gehofft, dass aus mir mehr werden kann, als wenn ich bei ihr bleibe.

Meine Mutter hat mit 16 Jahren ihr erstes Kind bekommen und dann in Folge jedes Jahr ein Kind dazu. Ich war das fünfte Kind, und sie war zu der Zeit alleinstehend. Wir waren ein Bruder und vier Schwestern. Ich bin 1964 geboren, ein Sommerkind.

Meine Pflegemutter, zu der kam ich mit vier Jahren, war eine alleinstehende Frau und lebte noch bei ihrer Mutter. Diese Frau, meine Oma, konnte mich nicht leiden. Sie hatte lange Haare, die sie jeden Tag gekämmt hat. Ich habe ihr zugesehen, und während ich so stand, hat sie mir einen Kleiderbügel in den Rücken gesteckt, weil ich immer krumm dastand. Mein Gefühl war, dass sie eine böse Frau ist. Meine Pflegemutter hat mir später erzählt, dass sie mich aus dem Heim geholt hat, um sich selbst von ihrer Mutter trennen zu können. Sie war die älteste Tochter und hat sich verantwortlich gefühlt für ihre Mutter. Einen Vater hatte ich nie, auch keine Vorstellung, was ein Vater für Aufgaben hat. Dass es einen Vater geben muss, wusste ich gar nicht.

Meine Pflegemutter hat mich nicht verstanden. Sie war sehr streng. Ich durfte mich nicht schmutzig machen, musste immer aufessen und Mittagsschlaf machen. Ich wurde bestraft, wenn ich was angestellt hatte. Und ich habe viel angestellt. Es gibt eine Geschichte, die mir nachgeht. Wir hatten einen Park in der Kleinstadt, in dem es einen Springbrunnen gab mit Goldfischen. Mit denen wollte ich spielen, und ich bin in den Brunnen gefallen. Ich hatte Angst nach Hause zu gehen, und ich habe mich nackt ausgezogen, die Sachen zum Trocknen ausgelegt und mich im Gebüsch versteckt. Dann kam eine befreundete Familie vorbei, die haben mich entdeckt und zu meiner Mutter gebracht. Sie hat mich auf den Tisch gelegt und mit dem Teppichausklopfer immer auf meinen nackten Hintern geschlagen. Dann musste ich ins Bett und habe furchtbar geweint. So richtig gute Erinnerungen habe ich keine.

Einmal habe ich mir an einem heißen Milchtopf den Arm verbrannt. Ich bin schreiend durch die Wohnung mit dem brennenden Arm. Das Nachthemd war aus synthetischem Material und brannte sich in den Arm. Die Oma und die Mutter streuten Mehl drauf und brachten mich ins Krankenhaus. Bei der Wundversorgung habe ich immerzu geschrien, und meine Pflegemutter hat mich mit der guten Westschokolade von meiner Tante gefüttert, damit ich aufhöre zu schreien. Die bekam ich sonst nie oder ganz selten. Ich sehe mich da liegen und sehe, wie mich meine Pflegemutter mit der Schokolade vollstopft, und ich kann sie garnicht essen vor Schmerz. Aber sie nimmt mich nicht in den Arm, um mich zu trösten. Sie stopft und stopft die Schokolade mir in den Mund, damit ich aufhöre zu schreien.

Ich weiß, dass meine Pflegemutter mir und der Aufgabe mit mir nicht gewachsen war. Ich war bei ihr bis zu meinem siebenten Lebensjahr. Dann hat sie mich zurück ins Heim gebracht. Meinen Schulanfang habe ich nicht gefeiert. Ich wurde einfach abgeholt von einer Frau. Ich sehe mich mit einer riesengroßen Zuckertüte von meiner Mutter im Arm. Ich steige ins Auto, und wir fahren lange. Wir steigen aus dem Auto aus, und ich muss eine steile Treppe hochlaufen. Ich habe einen kleinen Koffer und diese Zuckertüte. Ich komme in ein Zimmer mit vielen Kindern, und auf dem Schrank liegen viele Zuckertüten. Sie nehmen mir meine Zuckertüte weg und legen sie mit auf den Schrank. Ich hatte noch nicht mal reingeguckt. Dann werde ich vorgestellt und bekomme einen Platz. Ich muss in die Nähstube gehen und bekomme Sachen … und bin einfach im Heim. Ich weiß nicht, was mit mir gerade passiert ist. Wieso ich nicht mehr bei meiner Mutter bin. Ich dachte doch zu dem Zeitpunkt noch, dass sie meine Mutter ist.

Hatte das Gefühl, dass mich keiner will, weil was mit mir nicht stimmt. Bis zum heutigen Tag habe ich mit meinem Selbstwert zu kämpfen. Als ich meine leibliche Mutter später gefragt habe, ob sie mich geliebt hat, meinte sie, dass sie uns alle geliebt habe. Aber ich kann es nicht fühlen. Habe ich nicht das Recht zu erfahren, dass ich geliebt wurde? Einfach um auch Liebe annehmen zu können?

Das Kinderheim war in einem alten Schloss mit einer wunderbaren Umgebung und einem Schlossteich. 1945 waren die Besitzer enteignet worden. Heute sind sie wieder da und haben das ganze Schloss für sich privat. Das ist schon irgendwie pervers. Sie haben mich bei einem Besuch noch nicht mal reingelassen in ihre Gemächer. Dabei war es doch mein Zuhause gewesen. Sie waren kalt und haben gemeint, dass sie auch nicht zu mir in die Wohnung kommen.

Weshalb ich das alles überlebt habe? Ich bin, glaube ich, ein Stehaufmännchen. Habe mir vieles herbeigeträumt und Ziele gesetzt. Feste oder Feiern, die bald kommen werden und so.

Eine Küchenfrau war sehr lieb zu mir, und ich hatte viele Freundinnen, wir hatten uns Kinder.

Ich hatte Sehnsucht nach meiner Pflegemutter und habe immer auf sie gewartet. Ich hatte auch Sehnsucht nach meinem roten Kleid, es war ein Glockenkleid. Aber das war nicht mehr da. Meine Pflegemutter hat mir dann ein Päckchen geschickt mit Sachen, doch das rote Kleid war nicht drin. Das war schlimm für mich. Diese Kleinigkeiten sind so entscheidend. Sie hat mich nie besucht, ich habe gewartet, gewartet und immer gehofft, dass sie mich zu irgendeinem Fest besucht. Was habe ich geweint, wenn es Ostern oder Weihnachten war, und die anderen Kinder bekamen Besuch von ihren Eltern und durften mit nach Hause fahren, und zu mir kam kein Mensch. Es war schrecklich.

Ich war in einem Sechsbettzimmer untergebracht. Ich habe nachts angefangen, ins Bett zu nässen.

Ich hatte einen Teddy, den ich sehr geliebt habe. Einmal war er kurz vor

Weihnachten weg und am Heiligen Abend wieder da, frisch genäht. Das war für mich ein Weihnachtsgeheimnis gewesen. Und einmal haben ich und meine Freundin ein Päckchen bekommen, auch zu Weihnachten, gleich bestückt. Das war ein richtiges Wunder, weil wir nicht wussten, von wem es gewesen ist. Das war schön.

Meine richtige Mutter kam eines Tages ins Heim. Man sagte mir, dass am Wochenende meine Mutter zu Besuch käme. Ich dachte die ganze Zeit, dass es meine Pflegemutter sei, denn die war ja meine Mutter gewesen. Und auf einmal steht eine wildfremde Frau vor mir und sagt, sie sei meine Mutter und schenkt mir eine Puppe. Ich habe mich gesträubt. Doch dann hat sie mich eingeladen, in den Ferien zu ihr zu kommen. Das wollte ich unbedingt, denn ich wollte aus dem Heim raus. Es war ein chaotisches Zuhause. Meine Mutter hatte wieder einen Mann und von ihm nochmal ein Kind bekommen und die vielen anderen Geschwister. Mir war es unangenehm, und ich hatte Angst, ich wollte ins Heim zurück. Die Betten waren nicht bezogen, und ein Hund zwischen dem ganzen Chaos machte mir Angst, weil er mich gebissen hat. Meine eine Schwester hat sich lieb um mich gekümmert und mir immer aus einem Buch vorgelesen. Den einen Vers habe ich bis heute in Erinnerung:

Maikäfer fliege, der Vater ist im Kriege.
Die Mutter ist im Pommerland.
Pommerland ist abgebrannt. Maikäfer fliege.

Dieser Vers ist mir so was von hängengeblieben.

Ich bin ins Heim zurück und habe mir gewünscht, dort zu bleiben. Der Kontakt zu meiner richtigen Familie war damit beendet.

In der vierten Klasse musste ich zu einem Sportwettkampf zwischen den Kinderheimen fahren, und beim Eröffnungsappell steht neben mir ein Mädchen, das mir sehr bekannt vorkam. Es war meine Schwester. Die anderen Geschwister waren auch da, und wir haben uns alle gesucht. Die Erzieher haben uns nicht geholfen, in Kontakt zu bleiben, denn es waren ja meine Geschwister.

Ich habe nur geweint danach. Es war schlimm für mich, sie alle wieder verloren zu haben.

In der Zeit gab es für mich nur eins: Groß werden und raus aus dem Heim und alles anders machen. Ich habe immer nur von diesem Traum gelebt. Eigentlich war ich auch ein fröhliches Kind, ein Strahlekind, haben alle gesagt, mit großen Augen. Das war mein Selbstschutz.

Ich war ja in einem sozialistischen Kinderheim, Anfang der siebziger Jahre. Das Ziel in jedem Heim war die sozialistische Erziehung der Kinder zu guten und leistungsfähigen DDR-Bürgern. Die Kinder in den Jahren vor mir waren noch in Uniformen gekleidet. Wir nicht mehr. Es wurden Sachen eingekauft und dann geguckt, was wem passt. Das war auch schrecklich.

Es gab strenge Ordnung. Täglich mussten zwei Kinder die Schuhe für alle putzen. Wir mussten jede Woche die Schränke aufräumen, und wenn es nicht gut war, wurde alles auf den Boden geschmissen, und wir mussten neu ordnen. Ich wusste oft nicht, was ich falsch gemacht hatte. Wir waren in Brigaden eingeteilt, mit Brigadeleiter. Jeden Abend gab es eine aktuelle Stunde, ein politisches Forum mit Zeitungsschau und Auswertung über die politischen Ereignisse. Dann mussten wir die „Aktuelle Kamera" gucken. Es war immer einer dran und musste es den anderen beibringen. Das ist immer an mir vorbeigerauscht, es war richtig gruselig.

Jeden Morgen war Fahnenappell. Das Schlimme war, dass alle Bettnässer vor den gesamten Appell treten mussten, und alle durften über sie lachen. Das war sehr peinlich und demütigend.

Ich habe ja eingenässt. Wir wurden geweckt jede Nacht, um zur Toilette zu gehen. Wir hatten einen Erzieher, der fasste den Mädchen immer an die Brust. Ich hatte Angst, von ihm geweckt zu werden und hatte Angst einzuschlafen. Wenn er die Türe öffnete, bin ich gleich aufgesprungen. Jeden Freitag gab es eine Einschätzung der einzelnen Mitglieder vom Brigadeleiter und gute Punkte oder Abzüge, je nach dem. Es gab dann Verbote oder Bestrafung. Und es gab eine Steigerung: wenn man zu viele negative Punkte hatte, drohte der Arrest. Wenn das nicht half, dann der Jugendwerkhof.

Immer wieder sind Kinder abgehauen, aber alle wurden wieder eingefangen. Ich habe sie alle bewundert, die da abhauten.

Einmal habe ich mir heimlich die Adresse meiner Pflegemutter geklaut aus den Akten der Heimleitung und ihr genau so heimlich einen Brief geschrieben mit dem Absender einer Freundin aus dem Dorf. Es kam sehr schnell eine Antwort. Es war mein erster Brief, den ich überhaupt bekam und habe ihn aufgefetzt, bebend vor Glück und Aufregung. Doch diese Frau hatte nichts verstanden. Sie hat es dem Heim gemeldet, und ich hatte nur noch Angst. Ich wurde vorgeladen. Der Heimleiter hat mich gefragt, woher ich diese Frau kenne. Ich habe ihm gesagt, dass es meine Pflegemutter ist. Dann meinte er, dass sie für mich eine wildfremde Frau ist und sie mich nichts, aber garnichts angeht. Habe richtig schwer Ärger gehabt deshalb. Ich war so enttäuscht, weil ich meiner Pflegemutter geschrieben hatte, dass ich die Adresse geklaut habe und sie auf keinen Fall dem Heim was sagen darf. Sie hat kein Gefühl gehabt für mich, der einzige Mensch, wo ich bis dahin gedachte hatte, dass sie mich lieb hat.

In mir war immer die Sehnsucht, zu jemanden zu gehören, jemand für mich zu haben.

In der Schule war ich nicht gut. Ich war nicht dumm, hatte aber Lernblockaden. Die meisten Lehrer konnten Heimkinder nicht leiden. Ich glaube wir hatten alle Lernblockaden, wegen der inneren Verlorenheit und dem ständigen Gefühl, dass uns keiner haben will. Man wird sich egal, wenn man sich nicht geliebt fühlt.

Als ich in die Pubertät kam und anfing zu bluten, hat sich keiner darum geschert. Wir bekamen Binden und keine Aufklärung, dabei waren wir gemischte Gruppen. Einmal war ich verliebt und habe gleich geglaubt, schwanger zu sein, weil wir uns berührt hatten. Liebe unter uns Heimkindern war sehr häufig, heimlich musste das sein. Einmal habe ich mit einem Jungen Schluss gemacht, den ich mal geliebt hatte. Der hat sich dann so hängen lassen und ist in den Jugendwerkhof gekommen, weil er sich aufgegeben hat. Ich habe mich ewig schuldig gefühlt.

Bei Krankheit wurden wir total isoliert im Krankenzimmer. Ab und zu brachten die Erzieher das Essen, und das war's. Man lag verlassen und krank völlig alleine. Kein Trost, keine streichelnde Hand.

Mit 12 Jahren habe ich angefangen zu rauchen, um was Verbotenes zu machen und was Geheimes zu haben, wir waren ja dauerkontrolliert. Ich rauche bis zum heutigen Tag. Es ist meine Sucht geblieben. Würde heute gerne mal meine Akten lesen, was die so über mich geschrieben haben.

Ich war 10 Jahre alt, da habe ich mich angefreundet mit einer Frau, die Nachtwache im Heim gemacht hat. Sie hatte damals ein kleines Kind. Von da an war das mein Kontakt zur Außenwelt. Sie hat mich in den Ferien in ihre Familie geholt und später nach der 10. Klasse ganz zu sich genommen. Da war gerade das dritte Kind geboren. Sie lebte mit ihrer Familie auf dem Lande. Sie bekamen die Pflegschaft über mich, obwohl das damals nicht einfach war, weil sie zu den oppositionellen Strömungen des Landes gehörten und nicht würdig waren, ein Kind sozialistisch zu erziehen. Sie erhielten die Pflegschaft aus dem Grunde, weil dadurch die Kontrolleure des Staates direkt Zugang hatten in das Haus und zu den Menschen. Die Frau vom Jugendamt war die Frau des Stasichefs. Wir haben später erfahren, dass sie mit einem Hausbesuch Wanzen in der Wohnung verlegt hat. Das stand in den Stasiakten. Damals haben wir davon nichts geahnt.

Ich wurde 1981 aus dem Heim entlassen und sollte von einem Tag auf den anderen raus. Das war schrecklich für mich. Ich war so sehr in dem Gefüge drin, dass ich richtige Angst hatte vor der Freiheit. Ich hatte auch Angst, in die Familie zu gehen, da ich ja noch nie ein Familienleben kennen gelernt hatte. Ich wurde rausgeschmissen mit den Worten: „Deine Zeit ist um." Es hatte keinen Einstieg gegeben und keinen Ausstieg.

Ich hatte in dieser Zeit eine Liebe zu einem sechs Jahre älteren Freund der Familie. Es war platonisch, später nach meiner Scheidung von meinem Manne sind wir uns nochmal nahe gekommen. Es war eine eigenartige Anziehung zu ihm. Als ich dann meinen Vater das erste Mal sah, ich meine meinen leiblichen Vater, habe ich festgestellt, dass dieser Mann das Ebenbild des Vaters war, in Gestalt und Wesen. Als ich das erkannt hatte, war die Anziehung vorbei. Es ist schon eigenartig, dass so viel im Inneren bleibt, obwohl ich den Vater nie gesehen oder erlebt hatte.

Ich lernte dann Verkäuferin, ging in die städtische Berufsschule und arbeitete in einem kleinen Dorfkonsum. Gegen heute war alles sehr bescheiden, aber für uns war es ausreichend. Fakt war, dass es ab und zu besondere Ware gab, wie Südfrüchte oder Schinken. Diese Ware wurde zur Hälfte von meiner Chefin sofort unter den Ladentisch gelegt und heimlich verschoben für extra Geld oder andere seltene Dinge, wie Ersatzteile fürs Auto. Außerdem war sie Mitarbeiterin der Stasi, denn im Dorfkonsum wurde über alles erzählt. Mich hat sie immer ausgefragt über meine Pflegefamilie. Und ich war sehr naiv und ohne Misstrauen ihr gegenüber. Ich habe mit ihr über alles geredet, besonders von unseren schönen Wochenenden, die in unserer Familie stattfanden. Das heißt, es trafen sich bei uns die „bunten Vögel", und wir haben Musik gemacht und andere Aktionen, sind viel wandern gegangen und so. Das war schön, aber wir waren ja beschattet, weil das verboten war, sich in solchen Gruppen zu treffen ohne Anmeldung. Das war „Zusammenrottung konterrevolutionärer Elemente". So nannte man das damals. Es war ein buntes Leben und mehr, als nur eine Familie zu sein, sondern eine größere Familie, eine Familie, die geistig oder durch eine Philosophie verbunden ist. Meine beste Freundin aus der Berufsschule, die ich viel mit nach Hause nahm, war auch Stasimitarbeiterin. Sie war auf mich und auf meine Pflegefamilie angesetzt. Ich hatte keine Ahnung und die anderen auch nicht.

Einmal wurde ich aus der Berufsschule geholt von der Staatssicherheit, in ein Auto gesetzt und nach Hause gefahren. Das Haus war umstellt von vielen Autos. Ich bekam mit, dass dort eine Hausdurchsuchung lief und meine Pflegeeltern zum Verhör abgeholt waren. Ich sollte auf die kleinen Kinder aufpassen, weil sich meine Pflegemutter gewehrt hatte, sie in eine Stasiaufsicht zu geben. Sie hat sich sehr gewehrt, denn sonst hätte ich das nicht tun dürfen. Sie wollte dem Stasichef die Kehle durchbeißen. Er muss es ihr geglaubt haben. Sie wusste, dass die Kleinen Vertrauen zu mir hatten, und sie hatte es auch. Ich war 18 Jahre alt.

Ich hatte große Angst um meine Pflegeeltern, dass sie ihnen was tun oder sie eingesperrt werden und wir alle ins Heim müssen. Aber sie kamen wieder, wurden aber immer beschattet, auch durch meine Betreuerin vom Jugendamt. Es war gut für mich in der Familie. Ich hatte das erste Mal ein Zuhause, aber ich habe mich auch da nicht wirklich dazugehörig gefühlt. War immer im Zweifel, dass ich geliebt bin. Heute weiß ich, dass dies ein Gefühl von mir selber ist. Habe keinem meine wirklichen Gefühle gezeigt. Das ging nicht. Aber ich habe dort eine Lebenseinstellung bekommen, eine offene Art zu leben und innere Wärme auch. Ich bin froh, dass dies ein Stück meines Lebens gewesen ist.

Meinen ersten Mann habe ich dann auch in einer kirchlichen Gruppe kennengelernt. Ich habe ihm gleich was bedeutet, und darauf haben wir aufgebaut. Er ist auf mich aufmerksam geworden, da war ich 18 Jahre alt. Er hat mich sehr geliebt, aber in der Liebe waren wir beide hilflos. Wir konnten uns nicht fallenlassen, hatten beide Erwartungen. Er hatte auch sehr früh seine Mutter verloren. Dann war ich bald schwanger, es war einfach passiert, und meine Kindheit fiel mir auf die Füße. Ein Kind ohne Vater oder Mutter gibt's nicht in meinem Leben. Ich hatte so viele Pläne gemacht früher. Und ich hatte Angst, alleine zu sein. Wir haben uns zusammengerauft.

Dann wäre mein Kind bald gestorben bei der Geburt, und auch ich habe mich von der Welt verabschiedet. Ich bekam einen Kaiserschnitt. Als ich erwachte, weinte mein Liebster, und ich war zutiefst berührt, das hat uns zusammengebracht. Ich bekam einen Sohn und ein Jahr später einen zweiten Sohn.

Ich weiß nicht wie es gekommen ist, wir haben geheiratet, und doch haben wir die Liebe verloren. Wir haben zusammen ein Geschäft geführt, das mein Mann von seiner Familie übernommen hatte. Mein Mann hat eine Wohnung ausgebaut jeden Abend und an den Wochenenden, wie, weiß ich nicht mehr. Es gab doch kein Material, und fast alle Wohnungen waren unbewohnbar, die man vom Wohnungsamt zugewiesen bekam. Dann musste er zur Armee. Wehrdienstverweigerung gab es nicht, deshalb ging er wegen Glaubensgründen zu den Bausoldaten. Ich war das dritte Mal schwanger. Wir mussten den Laden schließen und haben ein Schild draußen dran gemacht: „Wegen Wehrdienst geschlossen". Das war eine Riesenprovokation. Es kam die Polizei wegen des Schildes, und ich musste es entfernen. Die meisten Leute haben dann geglaubt, dass wir wegen Steuerhinterziehung schließen mussten. Es war eine schreckliche Zeit für mich und sehr schwer mit den Kindern. Vor der Geburt wollte ich, dass mein Mann nach Hause kommt und er auch. Ich sollte mir vom Psychologen ein Gutachten geben lassen, dass ich es nicht schaffe mit den Kindern, aus nervlichen Gründen. Doch das wollte ich nicht, mich so erniedrigen. Ich habe direkt an das Wehrkreiskommando geschrieben, dass ich will, dass mein Mann nach Hause kommt. Eines Tages standen ein Mann vom Wehrkreiskommando und eine Frau vom Jugendamt vor der Tür, die mit mir ein Gespräch führen wollten. Ich habe gleich losgeheult mit meinem dicken Bauch, weil ich glaubte mit meinem Manne wäre was passiert. Sie haben mich beruhigt, sie wären wegen meines Briefes da. Ich habe nochmal gesagt, dass mein Mann von der Armee nach Hause kommen soll, weil ich mein drittes Kind bekomme und es nicht schaffe alleine. Da machten sie mir den Vorschlag, die Kinder ins Heim zu geben. Mir, ausgerechnet mir, die ich selber im Heim gewesen bin und weiß, was das bedeutet! Ich habe ihnen gesagt, dass das nie, aber niemals in Frage käme für mich.

Anfang Januar 1989 ist mein dritter Sohn geboren. Habe an dem Tag meinen Mann angerufen von einer Telefonzelle aus, weil ich gerade in einem Laden nach Baumwollwindeln nachgefragt hatte, die es nicht gab, da ging die Geburt los. Andere Kameraden haben ihm den Urlaub abgetreten, und er hat es gerade noch geschafft.

Kurz danach musste er zur Armee zurück, und mein Baby hat geschrieen und geschrieen, tags wie nachts. Ich dachte, ich drehe durch. Bin durch die Nacht gelaufen mit dem schreienden Baby und hatte ja noch die beiden anderen, die immer krank wurden, wenn mein Mann zur Armee musste, vor allem der Mittlere.

Habe wieder einen Brief geschrieben an das Wehrkreiskommando und um Entlassung gebeten. Ein viertel Jahr später haben sie ihn entlassen. Dann kamen auch bald der Zusammenbruch und die Wende.

Wie ich schon sagte, blieb unsere Liebe auf der Strecke. Wir haben es nicht geschafft, zusammen zu bleiben. Es gab tiefe Gefühlsgründe, die wir nicht erkannt haben oder konnten.

1994 haben wir uns getrennt. Wir hätten uns nur weiter angelogen. Für meinen Mann war es schwerer als für mich, er wollte die Trennung nicht.

Habe später festgestellt, dass ich lieber verlasse als verlassen zu werden.

Ich musste auch noch den Mann lieben, der wie mein Vater ist, um auf einer tieferen Ebene erlöst zu werden. Das passierte dann in der Zeit danach und war lebenswichtig für mich. Er hat mich verraten wie mein Vater.

Ich habe noch eine Ausbildung als Krankenschwester gemacht. In der Zeit habe ich eine Liebe zu einem Musiker gehabt. Ein totaler Nachtmensch, das habe ich mit den Kindern nicht hinbekommen, es war zu anstrengend. Er hat sehr viel getrunken, und das hat mir richtig Angst gemacht, auch wegen der Kinder. Ich musste mich schützen. Ich habe mich getrennt.

Dann habe ich meinen jetzigen Mann kennengelernt, 1996. Mir ist klar, dass ich es mit keinem Manne schaffe, wenn ich es mit ihm nicht hinkriege. Ich habe noch eine Tochter 1999 und einen Sohn im Jahr 2000 bekommen. Jetzt habe ich fünf Kinder, wie meine Mutter damals, als ich klein war. Ich liebe meine Kinder über alles und gehe für sie durchs Feuer, auch wenn es mit so vielen Kindern nicht einfach ist. Vor allem fehlt immer Geld. Mein Mann war bis vor kurzem in der Computerbranche tätig. Die Firma ist pleitegegangen. Er ist arbeitslos, und ich arbeite als Krankenschwester nachts bei geistig Behinderten. Das Geld reicht nicht hinten und vorn. Das finde ich eine Schande. Familien mit Kindern müssten viel mehr gestützt werden. Ich bin vor allem auch sehr dankbar für die Kinder und auch für die beiden Kleinen.

Wir haben auch geheiratet. Eigentlich sind wir beide ein Team. Mich macht es nur manchmal aggressiv, wenn er zum Macher wird und seine Probleme darin verdrängt. Er muss auch an seine Wurzeln gehen, damit wir es zusammen schaffen.

Ich habe ja auch meine leiblichen Eltern aufgesucht und mich mit ihnen und den Geschwistern auseinandergesetzt. Das habe ich gebraucht, um mich zu verstehen. Es war hart und aufreibend, aber sehr gut. Es hat mir viel Klarheit gegeben.

Es bleibt mir eine Angst, dass ich meinen Kindern nicht genügend Selbstwert vermitteln konnte, aus meinem eigenen Mangel heraus. Aber ich liebe sie sehr, und ich bin sehr stolz auf sie und über mich, dass ich es trotz meiner Geschichte so hinbekommen habe mit ihnen, vor allem, dass ich sie bedingungslos liebe. Ob das reicht?

Zum Glück ist mein sonniges, lebensbejahendes Wesen in mir. Deshalb glaube ich, haben die Kinder doch einen Schatz bekommen. Und ich habe viele gute Freunde.

Ich wünsche mir vom Leben, dass ich Vertrauen bekomme, dass ich nicht mehr alles für mich alleine entscheiden oder tragen muss, oder das Gefühl habe, es tun zu müssen. Ich will lernen loszulassen, dass nicht alles meine Aufgabe ist und ich mein schlechtes Gewissen verliere, dass alles noch nicht reicht. Will mich mal gehenlassen können.

Will vielleicht mal den Jakobsweg oder ins Kloster gehen, damit ich lerne, mit mir alleine sein zu können.

Meinen Kindern wünsche ich, dass sie mehr Selbstbewusstsein finden, dass sie den Mut haben, „ja" oder „nein" zu sagen und sich das vom Leben nehmen, was sie brauchen. Und dann gibt es noch einen sehr großen Wunsch, ob der in Erfüllung geht weiß ich nicht. Es wäre schön, ein großes Haus zu haben, wo wir alle als Sippe zusammenleben, um es mal zu durchbrechen, die Verneinung der Verwandtschaft. Ich wünsche mir, im Schoße meiner Familie zu sterben, ganz in Ruhe einschlafen.

Für mich wäre das die Entschädigung für das, was ich nie hatte.

Stella

„Keine Entscheidung habe ich mir leicht gemacht, aber ich habe
mich immer für mich entschieden."

*Ich treffe mich mit Stella am Morgen des 1. Mai. Sie ist mitte Vierzig und dun-
kelhaarig mit intensiven, warmen, braunen Augen. Von ihr geht eine gewisse Gelassenheit und Ruhe aus. Sie ist Künstlerin und Musiktherapeutin und dabei, sich
selbständig zu machen in ihrem eigenen Haus in der Nähe einer sächsischen Kleinstadt. Sie hat eine Tochter von siebzehn Jahren und lebt allein mit ihr.*

Heute, am 1. Mai, kommen die Erinnerungen aus meiner Kindheit. Jedes Jahr war es ein besonderes Ereignis für mich, mit meinen Eltern und Geschwistern zur Maidemonstration zu gehen. Wir schmückten Transparente mit frischem Birkengrün und zogen uns fein an. Es war für mich ein festlicher Moment, gemeinsam mit meiner Familie den Frühling zu feiern, denn das war es für mich, der Beginn des Frühlings. Es war ein Ritual, jedes Jahr, und hat in mir schöne Gefühle hinterlassen. Vor allem, dass wir gemeinsam als Familie hingingen und die anderen Familien auch. Dass dies ein politisches Ritual war, habe ich damals gar nicht bemerkt. Selbst als wir alle rufen sollten: „Freiheit für Louis Corvalan!", habe ich das mit voller Begeisterung getan. Ich war damals in der zweiten Klasse und bei den Jungpionieren.

Ich bin sehr aufgeregt, wenn es um mein Leben geht und ich davon erzählen soll. Das, was mich jetzt am meisten beschäftigt, ist, dass meine Tochter bald das Haus verlassen wird, mein einziges Kind. Ich meine, mein einziges lebendes Kind. Es ist ganz normal, dass die Kinder das Elternhaus verlassen oder das Mutterhaus, wie in unserem Falle, aber es schmerzt. Ja, das ist so. Es ist eine große Trauer in mir, dass kein anderes Kind da ist, und das Einzige geht jetzt, obwohl sie kein Kind mehr ist. Das wird mir in diesen Tagen richtig bewusst, dass damit auch eine Lebensphase zu Ende geht, die Zeit der Mutterschaft und meiner körperlichen Fruchtbarkeit. Eine Zeit, in der ich viel Schmerz und Verlust erlebt habe in den Partnerbeziehungen und mit den Kindern, die nicht leben.

Jetzt, da ich erwacht bin als Frau und Mutter, wird der Schmerz um die verlorenen Kinder besonders spürbar. Meine Tochter lebt, weil ihr Vater der einzige Mann war, der das Kind in meinem Bauche wirklich und mit aller Kraft wollte. Dafür danke ich ihm bis heute. Die Elternschaft mit ihm war großartig, auch wenn unsere Partnerschaft nicht weiterging. Die Elternschaft war immer gut, bis zum heutigen Tag. Die anderen vielen schmerzlichen Erfahrungen haben natürlich mit meiner frühen Kindheit zu tun.

Ich bin die Älteste von drei Kindern. Ich war die Große und das Mädchen. Mein Bruder hat sich ganz anders ausgelebt. Ich war die Vernünftige, die Musische, die Schöne und die Liebe. Es war meine Rolle, lieb zu sein, innerhalb der Familie. Ich habe ausgeglichen. Oft habe ich geweint, wenn meine Mutter meinen armen Vater beschimpft hat. Draußen bin ich gerne mit den Jungens rumgetollt und habe gerne Hosen getragen.

Meine Mutter hat einmal zu meinem Vater gesagt: „Wenn die Kinder nicht wären, hätte ich mich schon längst getrennt." Mein Gefühl war deshalb, dass meine Mutter leidet, weil sie uns hat und deshalb nicht von dem Manne wegkommt. Das hat mich fertiggemacht und immer beschäftigt. Dieser Konflikt zwischen den Eltern hat wie ein Schatten über meiner ganzen Kindheit gelegen. Diese Spannung war schrecklich und das Unglück der Eltern. Und ich bin Schuld an dem Elend, besonders an dem meiner Mutter. Ich habe mich überidentifiziert mit ihrem Unglück und lange gebraucht, um zu mir zu kommen. Ich habe mich nur mit ihr beschäftigt und was ich noch tun könnte, damit es ihr endlich besser geht.

Ansonsten erinnere ich mich an den Flötenunterricht ab vier Jahre. Mein Vater hat immer mit mir geübt. Und dann das Leben in unserer Kleinstadt in der Bäckerei, wo mein Vater gearbeitet hat und meine Mutter im Laden verkaufte, eine PGH.

Meine Großeltern hatten zwar eine Bäckerei, waren selbstständig, und mein Vater ist Bäcker geworden, hat aber das elterliche Geschäft nicht übernommen. Jedenfalls lebten wir in der Bäckerei, und wir Kinder haben uns immer in die Mehlsäcke fallenlassen, haben Teig geknetet. Der Duft war wunderbar. In der Zeit lebte meine Cousine mit in unserer Familie, die Tochter der Schwester meiner Mutter. Meine Mutter hat sie wie ihr eigenes Kind großgezogen, weil ihre Schwester sie mit neunzehn bekam und mit einem Mann weggegangen ist. Meine Mutter war die Jüngere, fünfzehn, und da hat sie sich schon um das Baby gekümmert. Meine Oma war Schneidermeisterin und hatte keine Zeit. Für meine Mutter war das ein Problem, denn sie war ja noch so jung und hatte dieses Kind, das sie dann zu ihren Rendezvous mit den Jungs oder den jungen Männern im Kinderwagen mitgenommen hat. Sie lernte meinen Vater kennen und nahm das Kind ihrer Schwester mit in die Ehe. Als ich geboren wurde, war sie zwanzig und hatte schon ein Kind fünf Jahre lang gehabt. Die Schwester meiner Mutter war immer die „Wilde" gewesen und meine Mutter die „Liebe", sie hat ihrer Mutter geholfen, wo es ging, denn die musste das Geld heranschaffen und die Kinder ernähren. Mein Großvater war nicht mehr in der Familie. Er lebte im Westen nach dem Krieg, ist nicht in die Familie zurückgekommen. Dieser Konflikt meiner Mutter, immer die „Liebe" zu sein, ist auch mein Konflikt geworden.

Ich hatte also noch so was wie eine große Schwester, das war ein Problem für mich. Mein Bruder wurde zwei Jahre nach mir geboren.

Aber die Großmutter habe ich sehr geliebt und sie mich. Es war schlimm für mich, als sie starb, drei Wochen vor der Geburt meiner jüngsten Schwester. Und keiner hat mit mir darüber geredet. Sie war erst einundsechzig Jahre alt und wurde an der Galle operiert. Man hatte gepfuscht. Eine Wahrsagerin hatte ihr vorausgesagt, dass sie nur einundsechzig wird. Es war für mich ein Riesenschmerz, dass sie nicht mehr da war. Ich war neun Jahre alt. Meine Oma hat mir sehr gefehlt, besonders in der Pubertät. Da hätte ich sie gerne sehr viel gefragt, denn das konnte ich immer. Sie war meine einzige Seelenverwandte in der Familie.

Der Großvater starb drei Wochen vor der Geburt meiner Tochter. Das ist schon mystisch. Er hatte im Westen nochmal geheiratet und noch zwei Kinder gehabt. Er war ein richtiger Patriarch gewesen. Meine Mutter hat immer gelitten, ihren Vater nicht gehabt zu haben. Vor dem Mauerbau ist sie mit einem Schild um den Hals nach dem Westen gefahren, um ihren Vater zu besuchen. Sie war immer auf der Suche nach einem Vater und hat ihn auch in ihrem Manne gesucht und nicht bekommen. Das ist ihr Schmerz, und ich habe versucht, das auszugleichen und natürlich als Kind nicht geschafft. Es hat sehr lange gedauert bis ich die Konflikte meiner Eltern, speziell meiner Mutter, abgeschüttelt hatte. Ich war neun, als meine kleine Schwester geboren wurde, und ich war entzückt über das Baby. Doch dann stellte sich bald heraus, wie schwerkrank sie ist. Sie hatte einen Herzfehler und musste immer wieder in Kliniken. Es war sehr tragisch. Meine Eltern waren total erschüttert und traurig und hatten weniger

Zeit für meinen Bruder und mich, denn alle Kraft ging in das Baby. Ich wurde mit neun das erste Mal erwachsen. Ich habe mich gekümmert um meine Schwester, meinen Bruder und meine Eltern. Das hörte nie auf. Habe mich für alle verantwortlich gefühlt. Meine Schwester war sehr krank und musste getragen werden, auch im Urlaub, weil sie nicht laufen konnte. Das Herz durfte nicht belastet werden.

Es gab auch Schönes, wie unsere Ostseeurlaube. Das haben wir jedes Jahr gemacht. Unsere Eltern haben uns auch oft überrascht mit kleinen Dingen und wunderbaren Kindergeburtstagen, die meine Mutter besonders schön gestaltet hat. Was ich besonders geliebt habe, waren die Geschichten meines Vaters, wenn er uns abends ins Bett gebracht hat. Er hat nie vorgelesen, er hat sich Geschichten ausgedacht. Das war großartig. Ich war wie gebannt.

Erzogen wurden wir christlich, und ich bin in die Christenlehre gegangen, war aber auch noch bei den Pionieren. Wir lebten also zweigleisig, was für mich wichtig war, ich wollte dazugehören und nicht ausgegrenzt werden. Als Jugendliche war ich bei der Jungen Gemeinde, und das wirklich bewusst. Ich gehörte zur Opposition, und da fühlte ich mich auch wohl. Habe mit meinen Eltern diskutiert, weil sie mir zu angepasst waren. Für mich war das eine wichtige Zeit mit den Treffs und Diskussionsabenden. Haben alle möglichen Themen gehabt, alles was Jugendliche interessiert, politisch, aber auch alles andere. So hat sonst keiner mit uns geredet.

Ich brauchte das sehr, um eine Meinung entwickeln zu können, auch im ethischen Sinne. Die ganzen Bibelgleichnisse haben was mit dem Leben zu tun und mit Lebensethik. Das hat mich angesprochen und zum Nachdenken gebracht. In der Schule war alles nur Propaganda.

Meine erste Jugendliebe war ein Sohn von einem Offizier. Damals gingen wir immer zu den Gottesdiensten „Schwerter zu Pflugscharen", und so was waren die Themen. Da waren wir richtig heiß! Mein Freund musste immer draußen bleiben, weil er seine Eltern nicht in Schwierigkeiten bringen konnte. Das ging mir sehr nahe, weil er auch darunter so gelitten hat. Da wurde mir so richtig klar, in welcher Spaltung wir leben.

Ich durfte aus politischen Gründen nicht zur EOS gehen, weil ich zur Kirche ging. Ich gehörte zu den fünf besten Schülern und durfte nicht zur EOS, darunter habe ich sehr gelitten. Ich hätte früher gerne Musik studiert, hatte aber Angst vor dem Leistungsdruck. Meine Mutter war Krankenschwester und redete mir aus, es auch zu werden. Ich lernte nach der zehnten Klasse Röntgenassistentin und interessierte mich schon bald für Musiktherapie, was in der DDR nicht leicht war. Habe einen ganzen Monat unbezahlten Urlaub damit verbracht, in der Bibliothek Materialien zu sammeln und in einer psychiatrischen Kinderabteilung zu hospitieren.

Ich habe als medizinisch therapeutische Mitarbeiterin in einer Beratungsstelle angefangen und bald berufsbegleitend Musiktherapiekurse belegt. Da war ich gerade dreiundzwanzig Jahre alt, also 1988. 1991 habe ich ein Musiktherapiestudium begonnen nach einer sehr schweren Aufnahmeprüfung. Ich hatte dort einen sehr strengen Lehrer, der mich als männliche Autorität herausgefordert hat. Die Folgen der Wende haben dann alles durcheinander gebracht. Nach einem Semester wurde der Studiengang abgeschafft und meine Immatrikulation widerrufen. Da war gerade meine Tochter geboren, und ich hatte erst mal Zeit für mein Kind. 1995 hatte ich die Begegnung mit einer Frau aus München, die Musiktherapie für Frauen angeboten hat. Damals arbeitete ich in einer Frauenberatungsstelle. Durch sie habe ich eine wunderbare Methode der Musiktherapie kennengelernt.

So hatte ich erst einen männlichen Lehrer und dann eine Frau, die beiden Pole, die für meine Entwicklung sehr wichtig waren und für meine eigene Heilung. Jetzt stehe ich wieder an der Schwelle zu einem Übergang, was meinen Beruf betrifft. Ich will es jetzt anderen möglich machen, durch die Musik sich zu erfahren. Meinen Schatz nach außen tragen und die vielen Jahre meiner Entwicklung auf diesem Gebiet als Lehrerin und Heilerin weitergeben. Das ist eine aufregende Sache, aber ich bin so weit und es entspricht meinem Alter. Meine vielen leidvollen Erfahrungen und die bewusste Entwicklung daraus, zu gehen und sich immer wieder dem Leben zuzuwenden, habe ich der Musik und meiner Kreativität zu verdanken.

Ja, ich bin ein verletztes Kind gewesen, und das Leidvolle meiner Kindheit habe ich mitgenommen in mein Frausein. Das ging los mit dem Eintritt meiner Regel. Ich war sehr schüchtern, auch meiner Mutter gegenüber, und bin nicht zu ihr gegangen und habe ihr erzählt, dass ich blute. Ich habe mich so sehr geschämt vor ihr, richtig geschämt. Nach ihren Anweisungen mit den Binden, und dass ich nicht mehr baden kann in der Zeit des Blutens, hatte ich das Gefühl, dass jetzt endgültig mein schönes Leben vorbei ist. Es war einfach gruselig, keine Spur von Freude. Das ist das, was ich von meiner Mutter erfahren habe, sie war nicht gerne Frau. Sie wäre viel lieber ein Mann gewesen, weil es die Männer viel einfacher haben im Leben.

Ich hatte mich in meinem Leben draußen auf dem Hof als Fußballerin bis dahin sehr wohl gefühlt. Ich war gut im Fußballspielen und besser als die Jungs im Schmerzaushalten. Da hatte ich meine Anerkennung. Doch dann bekam ich einen Busen, und das gute Leben war vorbei. Ich hatte überhaupt kein Körpergefühl für mich. Fühlte mich immer zu dick und trug immer legere Kleider, um alles zu verstecken. Mit neunzehn hatte ich das erste Mal Sex mit meiner Jugendliebe. Dann hatte ich gleich Angst, schwanger zu sein. Viel später ist mir klar geworden, wie oft ich diese Angst hatte und nicht gut die Verantwortung für mich übernommen habe. Ich habe mich immer ausgeliefert.

Meine erste Schwangerschaft war dann mit einem Manne, der mich nicht wollte. Da war ich dreiundzwanzig. Wir sind zwar zusammen ins Bett gegangen, weil wir das wollten. Ich wollte ihn schon, und er mochte mich, aber nicht wirklich. Er hat nach anderen Frauen geguckt und auf die Richtige gehofft. Als wir das letzte Mal zusammen waren, hat er mir gesagt, dass er eine Freundin hat. In der Nacht konnte ich nicht schlafen und habe irgendwie schon gemerkt, dass ich schwanger bin.

Er hat mir gesagt, dass ich das Kind kriegen kann, er würde es auch nehmen, aber er will nicht mit mir leben. Und dann hat er sich verpisst und nie wieder gemeldet. Ich habe einen ganz, ganz schweren Entscheidungsweg gehabt mit der Abtreibung, vor allem vom Ethischen her, aber auch so. Ich konnte mir nicht vorstellen, alleine mit dem Kind zu sein. Diese Kraft hatte ich nicht.

Der erste schwere Gang war zu meiner Mutter, den ich erst ging, als mir klar war, dass ich abtreiben werde. Aber sie hat gut reagiert und mich unterstützt. Für alle anderen aus der Familie hatte ich eine Mandel-OP. Also Scham, Scham, Schuld, Schuld. Und wieder Scham, Scham, Schuld, Schuld. Und so wurde ich im Krankenhaus auch behandelt.

Es war schon die zwölfte Woche. Ich habe mich so unendlich alleine gefühlt mit dieser Entscheidung. Vom Personal hörte ich so was wie: „Da müssen sie jetzt durch. Sie können ja auch das Kind kriegen. Es gibt so viele Frauen, die ihr Kind kriegen und auch alleine sind." Dann bekam ich am Abend ein Wehenmittel. Ich hatte die ganze Nacht viehige Schmerzen und erwachte am Morgen in einer riesigen Blutlache. Ich bin aufs Klo und hatte das Kind in der Binde. Das kleine Körperchen und die Augen habe ich gesehen. Ich bin zur Schwester. Die hat ohne Kommentar die Binde genommen, mit dem Kind, und es in den Abfall geworfen. Ohne Kommentar! In diesem Moment habe ich meinen Körper verlassen, ich habe das nicht ausgehalten. Ich fühlte mich so verloren und unendlich schuldig. Ich habe es dann auch meinem Freund erzählt, dem Vater des Kindes, und es hat ihm sehr leid getan. Aber es war zu spät. Heute würde ich gerne nochmal mit ihm sprechen, aber er weicht mir aus. Es war eine sehr einschneidende Erfahrung. Ich habe alles als Strafe erlebt. Ich habe eine Sünde begangen, und jetzt werde ich bestraft.

Nach dieser Sache hatte ich lange keinen Freund, war drei Jahre alleine. Habe mich unendlich einsam gefühlt, immer der Gedanke, mich kann kein Mann lieben. Das geht alles schief. Habe damals bei der Beratungsstelle angefangen für Alkoholiker. Es war schwer für mich, nach diesen ganzen Geschichten abends alleine ins kalte Zimmer zu kommen.

Später brach der Bann, und ich hatte dann doch wieder Liebhaber. Es hat mich befreit, aber ich wollte dann irgendwann einen Partner. Ich lernte Tom kennen. Er hat mich wirklich sehr geliebt, und es kam Ruhe in mein Leben. Ein halbes Jahr später war ich schwanger. Zunächst musste ich mich daran gewöhnen, weil ich ja die Musiktherapieausbildung machte, aber dann habe ich mich sehr gefreut. Tom habe ich zu verdanken, dass es mir leicht fiel, mich auf das Kind zu freuen. Er wollte unbedingt ein Kind. Das war sehr schön für mich. Es war eine wunderbare Schwangerschaft, mir war nicht schlecht, keinen einzigen Tag. In der Ausbildung haben wir viel Musik gehört, so klassische Musik, und ich habe mich gefreut, dass das mein Kind hört. Ich habe mich immer ganz besonders gefühlt den anderen gegenüber. So blieb das bis zum Schluss.

Dann ist meine Tochter geboren. Tom hat im Kreißsaal geklingelt und gerufen: „Bei uns geht's los!" Zur Kaffeetrinkzeit war sie da. Während der Geburt wollte ich immer gehen, ich wollte immer weggehen. Nach der Geburt war alles wunderbar, und ich habe quietschvergnügt geduscht, und der arme Tom saß im Rollstuhl, so geplättet war er.

Die Mutterschaft war eine wunderbare Zeit, und wir waren ein gutes Elternteam. Leider haben wir die Partnerschaft nicht hinbekommen. Nach sieben Jahren haben wir uns getrennt, weil wir nicht gemeinsam in eine neue Qualität der Beziehung gehen konnten. Wir hatten kaum noch Sex. Ich hatte keine Lust und brauchte zu der Zeit keinen Sex. Natürlich war das unser beider Problem, nicht nur meins. Es war klar, wir haben eine Krise, wussten aber nicht, wie damit umgehen. Wir trennten uns nach sieben Jahren. Unsere Tochter war fünf Jahre alt.

Ich lernte Roberto kennen. Es war ein Moment: Wir sahen uns, und da war alles klar. Mich hat sehr angezogen seine Tiefe in den Gefühlen, die Mystik und die dunkle Seite. Tom war immer gut drauf, mit Roberto war das anders. Mit ihm habe ich gemerkt, Lust und Schmerz sind immer dicht beieinander. Der Schlüssel war die Lust. In dem Moment, in dem ich „ja" zu ihm gesagt hatte, hat er mich bekämpft. Da kippte das alles, weil er nicht mehr um mich kämpfen musste, weil ich da war, einfach da war. Immer wenn wir Nähe hatten miteinander, fing er einen Streit an. Er war dann tief beleidigend. Das war schrecklich für mich. Wir trennten uns, doch dann sind wir wieder zusammengekommen. Irgendwie war es noch nicht zu Ende. Wir hatten miteinander die Schatten zu erlösen. Nur gut, dass ich diese Beziehung hatte. Ich weiß jetzt viel mehr von mir. Ich weiß, was mir gut tut, was ich brauche und nicht mehr will, dafür war das sehr wichtig. Ich bin innerlich gewachsen. Mir ist heute klar, es war eine Abhängigkeit und Co-Abhängigkeit. Natürlich gab es diesen Ort, unseren gemeinsamen Traum, das Haus, in dem ich heute noch lebe. Wenn es den nicht gegeben hätte, wäre alles nicht so lange gegangen. Es ist mein Geschenk aus der Beziehung. Ich kann jetzt alleine entfalten, was mit ihm nicht ging.

Unser Kind ist tot geboren im sechsten Monat der Schwangerschaft, ein Mädchen. Die Frühgeburt ging los, nachdem ich wieder von Roberto eine große Ablehnung erlebt habe. Ich hatte einen sehr großen Kinderwunsch, und als diese Frühgeburt losging, war ich sehr verzweifelt. Ich konnte es nicht fassen … Meine Trauer um dieses Kind war riesengroß.

Meine Ahnenlinie vonseiten der Frauen ist sehr verwundet. Ich habe das Muster fortgesetzt. Ich konnte nicht Frausein und nicht Mutter werden, wenn die Männer mich ablehnten oder die Kinder in meinem Leibe.

Nach der Trennung brauchte ich die Jahre des Alleinlebens, um mich zu erholen und mich aus dem Opferdasein zu befreien. Das war die Zeit, wo ich mich wieder aufgerichtet habe, innerlich als Frau. Ich habe aus diesem Schmerz heraus wieder in meine eigene Kraft gefunden, in meine eigene Schönheit, in meine Lust am Leben, dass das Spaß macht und dass es nicht abhängt von einem Manne, sondern nur von mir, wie ich mich im Leben bewege. Ich will mich niemals mehr klein machen und davon nie mehr zurückgehen. Ich will mich nicht wieder verlieren und verraten wegen der Liebe zu einem Manne. Möchte in der kräftigen Lebendigkeit bleiben und in der inneren Gelassenheit und meine Arbeit weiterentwickeln, dass Schöpferisches entstehen kann, was aus mir kommt und mich ausdrückt, mit anderen zusammen. Will immer mehr ankommen bei mir, auch auf der Erde, und meine Lebensaufgabe verwirklichen. Will mich als Frau ganz annehmen und meine Macht im positiven Sinne leben. Die Göttin Astarte ist mir durch die Mythologie zugeordnet. Sie soll durch mich leben. Ich fühle mich nicht mehr schuldig, was die Kinder betrifft, die nicht leben konnten. Ich übernehme die Verantwortung für alles, was gelaufen ist in meinem Leben. Alle Entscheidungen habe ich mir nie leicht gemacht, und ich habe mich immer für mich entschieden. Das ist eine Stärke, die ich aufgebracht habe, und eine Kraft. Ich habe das Recht, als Frau „ja" oder „nein" zu sagen zum Leben, wer sonst, wenn nicht wir Frauen.

Ansonsten möchte ich noch viel reisen und was von der Welt sehen und dann nach Hause zurückkehren und natürlich eine reife Beziehung leben.

Magdalena

„Leid muss immer wieder erzählt werden können. Leid muss gesehen werden,
damit es heilen kann."

*Magdalena ist eine zarte, charismatische Frau und 41 Jahre alt. Sie ist dabei, ihrem
Leben eine neue Richtung zu geben, nach dem Verlust ihres dritten Kindes und einem weiten Weg der Trauer. Sie lebt mit ihrem Mann und der zweiten Tochter in der
Nähe einer sächsischen Großstadt in einem ausgebauten Fachwerkhaus. Ihr Sohn
hat bereits die Familie verlassen.*

*Magdalena liebt die schönen erdigen Dinge mit allen Sinnen. Mit allen Sinnen be-
wegt sie in ihren Händen ihr Lieblingsmaterial, den Ton, und formt daraus Dinge
aus den Impulsen ihres Herzens.*

Ich bin 1968 geboren und eine Pfarrerstochter. Da kommt sofort in meiner Erinnerung der große Pfarrgarten mit einer wunderschönen alten Steinmauer, am Friedhof angrenzend. Vom Gefühl her weiß ich noch, wie es war, zwischen den Gräbern mit dem Roller herumzufahren, was ich nie durfte. Ich habe es trotzdem gemacht, auch manchmal nackig. Dann habe ich immer die Friedhofsblumen von der Halde geholt, die die Leute wegwarfen. Ich habe aus den noch schönen Blumen Sträuße gemacht, weil es mir leidtat. Meine Mutti war immer beglückt, hat sie aber trotzdem hingestellt. Das war eine Leidenschaft von mir. Da war ich so 4 bis 5 Jahre alt.

In dieser Zeit habe ich die ersten Toten gesehen, die in der Friedhofshalle aufgebahrt waren.

Meine Geschwister und ich haben sich die Nasen an den Scheiben platt gedrückt. Ich habe gesehen, wie die Heimbürgin die Toten zurechtgemacht hat. Das war sehr spannend für mich damals. Ich fand es nicht gruselig.

Unser Garten war wunderbar mit vielen Büschen, bisschen Schräglage und Hühnern, die frei da rumliefen. Viele andere Tiere wie Schafe, und viel spielen draußen, das ist meine frühe Kindheit. In der Kirchgasse gab es einen kleinen Laden mit Schmuck. Im Schaufenster lag ein Schmetterling mit grünen Flügeln. Doch meine Eltern hatten kein Geld. Zu DDR-Zeiten hatten die Pfarrer sehr wenig Geld. Ich bin solange um diesen Schmetterling herumgehüpft, bis der Ladenbesitzer ihn mir geschenkt hat. Der lag lange in meiner Schatzkiste.

Ich war noch sehr klein, da bin ich schon sehr gerne einkaufengegangen. Soziale Kontakte waren für mich immer wichtig. Aber vor allem hatte ich ein Gespür für die besonderen Dinge, die unterm Ladentisch, wie man damals sagte. Das habe ich immer rausgefunden und irgendwie mit nach Hause gebracht. Einmal, so erinnere ich mich, hat mein Vater gesagt, dass ich eine Gänsehaut hätte, ich solle mir was anziehen. Da ich nicht wusste, was Gänsehaut ist, habe ich gedacht, dass ich sehr schwer krank bin.

Ansonsten war die Kirche sehr dominant. Alles richtete sich nach diesem Rhythmus. Meine Eltern machten früh einen Plan. Da war jede Minute des Tages durchgeplant. Für uns Kinder blieb keine Zeit. Meine Mutter machte die

Kirchenmusik, den Flötenkreis und die Kurrente und privat noch Gitarren- und Klavierunterricht und hat viel nach uns gesehen, aber Zeit war keine. Abends waren auch Veranstaltungen, und wir mussten pünktlich im Bett sein. Am 7. Oktober, dem Tag der Republik, gingen wir als Familie spazieren. Da hatten die Eltern frei. Meine Mutter ist eine herzliche Frau. Ihre Herzlichkeit hat uns gut getan, auf jeden Fall.

Die Urlaube waren gut. Mal Ostsee, mal Berge, das war immer schön. Urlaub mit wenig Geld unter freiem Himmel. Das war immer schon meins.

Ich habe gebetet und habe auch mit Gott Kontakt gehabt. Habe mir vieles gewünscht und gedacht, dass ich nicht nur bitten kann, ich muss auch was Gutes dafür tun. Ich hatte viele Wünsche. Für meine schlechten Gedanken habe ich mich immer entschuldigt. Ich habe mir Gott weit oben und sehr männlich vorgestellt, wie ein Geist mit Bart und alt. Die Gottesdienste waren für mich schrecklich. Habe „Herzen mit Pfeil durch" in das Holz der Empore geschnitzt und die seit Jahrhunderten eingeritzten Inschriften studiert. Habe mich immer schon aufs Mittagessen gefreut, weil das was mit Leben zu tun hatte. Ist schon heftig, wenn ich das so sage.

Aber meinen Vater habe ich verehrt. Er war ein interessanter Mensch, auch mit dem, was er so gesagt hat. Er war als Pfarrer auch weltlich interessiert und hat auch eine Verbindung zur Schule gesucht, das war damals sehr selten. Er hat kein Nischendasein geführt, und darauf war ich stolz. Er hat auch die Eine-Welt-Arbeit in Gang gebracht. Wir haben politisches Theater gespielt in der Kirche, haben die Themen der Zeit aufgegriffen. Da war ich auch sehr mutig.

Wir Kinder, meine beiden Geschwister und ich, durften auch zu den Pionieren gehen und in der FDJ sein. Da gab es keinen Druck von meinen Eltern. Mitgestalten hieß es bei uns und nicht dagegenhalten.

Wir hatten eine Sonderstellung als Pfarrerskinder im Dorf, was nicht immer gut war, weil man nicht richtig dazugehörte. Wir hatten ja auch Westkontakte. Habe alles gemacht, um angenommen zu werden. Ich war gerne mit den Dorfkindern zusammen. Habe mir Zuneigung erkauft. Später kam die Aufmüpfigkeit dazu, direkt aus dem Bauch, und dann kam die Angst vor meiner eigenen Courage.

Das ist bis heute meine Aufgabe, zu mir zu stehen.

Ansonsten habe ich politisch nicht viel auszustehen gehabt, obwohl die Stasi bei uns ein und aus ging ,und wir am Telefon abgehört worden sind. Was meine Eltern so mitgemacht haben, das kann ich nur erahnen. Die Sachen hat mein Vater alleine mit der Stasi abgemacht, um uns zu schützen. Die sind oft zu uns gekommen, und wir Kinder haben gefühlt, dass das Männer sind, die anders sind als wir. Mein Vater war sehr oft danach bedrückt und schweigsam. Das hat uns Angst gemacht, weil man ja fühlt, dass was in der Luft liegt, worüber man nicht sprechen darf.

Mit vierzehn fing ich an zu bluten. Das war ein Einschnitt für mich. Die Kindheit war vorbei, und ich fand mich körperlich nicht schön. Eine zu große Nase und zu kleine Brüste. Das macht wohl jedes Mädchen durch. Heute habe ich meinen Körper lieb und sehe mich gerne an, obwohl ich manchmal noch unsicher bin.

Nach der Schule wollte ich Töpferin werden, aber es gab nur eine Lehrstelle. Und übrig war der Beruf der Krankenschwester in der Vergabeliste. Also bin ich Krankenschwester geworden.

Das war eine gute und wilde Zeit. Habe mein Dorf verlassen und bin in die Großstadt. Mit meiner Freundin bin ich ins Theater gegangen und habe Kultur genossen. Sind im Nachthemd Straßenbahn gefahren und haben im Springbrunnen gebadet. Ich war auch ziemlich frech, das habe ich gebraucht. Das neue Leben war für mich als Mädel vom Dorf Revolution. Konstantin Wecker fiel in mein Leben mit seinen tollen Texten. Seine Wahrhaftigkeit fand ich gut, und dass er kein gerader Mann ist. Solche Leute begeistern mich immer schon. Die Suche nach der Wahrhaftigkeit und sich nicht scheuen, auch mal weh zu tun. Was ich bei seinen Liedern geheult habe! Ich wollte auch so sein, genau so, nämlich authentisch. Das ist schon lange ein Thema.

Ich hatte meinen ersten festen Freund, der sehr progressiv war. Der hatte immer mal politische Sachen zu laufen. Er war sehr weit mit seinen siebzehn Jahren, sehr bewusst im Denken, für mich manchmal nicht erreichbar. Dadurch wurde ich auch munterer, was die Politik betraf. Der schrieb Gedichte, die ich nicht verstand. Ich war zu einfach in meinem Wesen, glaube ich. Es war eine schöne Liebe, zwei Jahre lang.

Mit 18 Jahren lernte ich einen Mann kennen, der 30 Jahre alt war. Er war Musiker, der mich sehr geliebt hat. Er hatte was Behütendes an sich. Bin seiner Band immer hinterhergefahren. Ich war dann mit 20 Jahren schwanger. Mein Sohn wurde im Wendejahr geboren. Ich war mit ihm demonstrieren. Diese Zeit ist unvergesslich für mich. Es war ein so intensives, herrliches Gefühl. Wir sind immer wieder im Freundeskreis zusammengekommen, haben geredet, die Ängste besprochen, es wurde ja immer gefährlicher. Es war eine heiße Zeit. Vor allem in der Begegnung mit den Menschen. Das viele Zusammensein und das Mittragen, gemeinsam reden und austauschen und mitfiebern. Das Gefühl des Zusammengehörens, das war ganz stark. Es war eine glückliche Zeit, obwohl wir nicht wussten, wohin sich das bewegt.

Mein Sohn war 5 Jahre alt, da habe ich mich von seinem Vater getrennt. Die Liebe war zu Ende, irgendwie verlorengegangen. Er hat mich nicht konfrontiert. Ich konnte alles machen, er hat alles akzeptiert. Da konnte ich nicht an ihm wachsen.

Habe bald meinen Mann kennengelernt. Es war eine sehr intensive Begegnung. Habe gleich gefühlt, dass es mein Mann ist. Er war noch im Studium als Architekt. Unsere erste Tochter ist 1997 geboren. Wir haben geheiratet, da war sie ein Jahr. Wir waren sehr verliebt. Diese Zeit bleibt mir als eine sehr unbeschwerte Zeit in Erinnerung

Kurz vor meinem 35. Geburtstag bin ich nochmal schwanger geworden mit meinem dritten Kind. Mein Sohn war 14 Jahre, meine Tochter 7 Jahre alt. Irgendwie habe ich an meinem Geburtstag gefühlt, dass irgendwas anders wird in meinem Leben, dass irgendwas kommt, was nicht so leicht ist. Jetzt kommt eine Aufgabe, etwas wird ganz intensiv und tief in meinem Leben. Das war eine klare Intuition.

Mir ging es vom ersten Tag der Schwangerschaft an schlecht, ich hatte ganz starke Rückenschmerzen. War damals noch im Krankenhaus als Krankenschwester. An einem Tag bin ich auf allen Vieren von der Station gekrochen, solche Schmerzen hatte ich.

Der Gynäkologe hat dann festgestellt, dass mein Kind eine Fehlbildung hat, einen offenen Bauch. Das war rückzuschließen auf eine psychische Blockade in meinem Rücken. Deshalb auch die Rückenschmerzen. Das war mir eine plausible Erklärung. Wir hatten eine Woche Zeit, uns zu entscheiden, ob das Kind geboren werden soll. Uns war klar, dass das Kind bei uns bleibt, trotz offenen Bauch und vielleicht anderen Behinderungen, was ja nicht auszuschließen ist.

Ich bin dann nicht mehr zur Arbeit gegangen und habe mich um mich gekümmert, Akupunktur gemacht und ähnliches. Trotzdem gingen die Rückenschmerzen nie richtig weg.

Abends gegen sieben Uhr konnte ich oft keinen Schritt mehr gehen. In der Zeit kurz vor dem Kaiserschnitt in der 34. Woche wurden die Schmerzen unerträglich. Es war wieder ein Zeichen in meinem Körper, dass es dem Kind nicht gut ging. Es hatte schon Kindspech abgegeben und wollte unbedingt raus.

Dann wurde der Kaiserschnitt gemacht. Ich habe mich erst mal erlöst gefühlt von der schweren Last der Schwangerschaft. Dachte auch für die Kleine. Mein Mann und ich haben nur einen winzigen Schrei gehört von ihr - das war ein unbeschreiblicher Augenblick. Bis sie dann operiert und verkabelt wurde und wir lange nichts mehr von ihr gehört haben.

Es war der Wahnsinn, als sie das Kind an mir vorbei in den OP brachten. Aber es war auch eine Glückseligkeit, es geschafft zu haben und die Hoffnung, dass jetzt alles gut wird.

Und dann kamen die ersten schlimmen Nachrichten, dass es eine ganz schwere OP war, und wir bekamen unser Kind nur kurz gezeigt. Es war schrecklich, die Kleine nicht an sich drücken zu können und in den Armen zu halten. Wir bekamen nichts gesagt – später, dass sie vielleicht die Nacht nicht überstehen wird. Ich wollte sofort zu ihr gehen, sie riechen und fühlen, mein Kind, gerade geboren, sie halten, sehen. Ich hatte so eine Sehnsucht, mein ganzer Körper hat nach ihr geschrieen. Bin im Rollstuhl zu ihr gebracht worden, denn ich hatte ja gerade den Kaiserschnitt hinter mir.

Sie überstand die Nacht, es gab Hoffnung. Wie habe ich mich gefreut, ihre Schultern zu sehen, die feinen Härchen, ein Augenzwinkern. Ich konnte die medizinischen Nachrichten nicht richtig verfolgen, als gingen sie an mir vorbei. Ich habe immer nur mein Kind beobachtet und jede kleine Veränderung. Bin in die Klinik eingezogen, war immer in ihrer Nähe. Es war eine Zerreißprobe für die Familie, meine anderen Kinder haben mich vermisst. Sie waren sehr belastet von den Umständen, auch wenn sie in der Klinik waren und ihre Schwester, auf die sie sich so sehr gefreut hatten, unter diesen Umständen vorfanden. Mein Mann und ich haben immer versucht, ihnen von unserer Hoffnung abzugeben, wenn wir konnten. Aber eigentlich waren wir durch und durch voller Hoffnung. Ich habe immer gesagt, ich gebe mich in den Augenblick.

Es waren drei OPs in dem viertel Jahr ihres Lebens. Was für ein Wahnsinn für ein so kleines Baby. Es gibt Wege, die sind nicht abzukürzen. Dieser Weg ging durch Hoffnung und Verzweiflung, es hat uns gebeutelt.

Und immer diese Intensivstation, das Verkabeltsein von meinem Kind, es nie auf den Arm nehmen können. Ein Musiker hat mit mir meinen Herzschlag aufgenommen, und wir haben ihn zusammen mit seiner schönen Musik täglich an ihrem Bett abgespielt. Er hat später zu ihrer Beerdigung für umsonst seine wunderschöne Pianomusik gespielt, das hat mich sehr berührt, und ich bin dankbar für dieses Geschenk. Viele Menschen haben uns in der schweren Zeit beigestanden, das werde ich nie vergessen.

Die Hände von meinem Mann, die habe ich ganz oft in meinem Tagebuch beschrieben. Sein Dasein, der Halt durch ihn für mich und mein Kind, auch für die anderen zuhause. Das Kontinuierliche von ihm, der Beistand auf allen Ebenen. Das habe ich später richtig vergessen, während der langen Zeit meiner Trauer. Wie oft habe ich ihm dann Vorwürfe gemacht, wenn er so lange geschwiegen hat. Ich glaube, er hat den Trauerprozess abgekürzt, eben auf seine eigene Art.

Jeden Tag diese viele Milch, die ich abgepumpt habe und nicht geben konnte.

Alles habe ich eingefroren in der Hoffnung, sie meiner Tochter geben zu können, wenn sie die Milch endlich trinken kann. Aber sie brauchte diese Nahrung nicht mehr, das habe ich auch oft geträumt. Sie war schon zwischen den Welten und hatte eine andere Nahrung, wo sie auch zufrieden war. Himmlische Nahrung. Der Gedanke war tröstend für mich.

Die ganze Zeit war gekennzeichnet durch ein sehr intensives Erleben und Fühlen, für das ich im Nachhinein sehr dankbar bin. Manchmal war es so heftig, dass wir uns ablenken mussten, weil wir sonst verrückt geworden wären. Zur Zeit der dritten OP waren wir eine Hose kaufen für meinen Mann, das war schon eigenartig. Aber wir haben die Anspannung nicht mehr ausgehalten. Die Hoffnung ging uns verloren nach dieser OP. Ich war am nächsten Tag bei ihr und habe gesehen, dass unter dem Gesichtchen kein Leben mehr war, obwohl sie noch lebte. Da habe ich gespürt, es wird jetzt einen anderen Weg gehen. Ich habe ihr alle Briefe vorgelesen, die uns so viele Freunde und Verwandte geschrieben hatten.

Am Nachmittag war ich zuhause, habe eine Pizza gebacken und wollte mal mit den Kindern gemeinsam essen, nach ewiger Zeit. Mein Mann ist alleine in die Klinik gefahren. Ich habe es ihm abgegeben, ich konnte nicht mehr. Er kam nach Hause total verweint, stand in der Tür und sagte, dass die Kleine sterben wird oder schwerstbehindert, wenn sie durchkommt. Es war schlimm, schlimm, schlimm. Wir haben geschrieen, so laut geschrieen. Wir haben unsere beiden anderen Kinder an dem gedeckten Tisch sitzenlassen und sind in die Klinik gestürzt. Ich frage mich heute, wie wir das machen konnten, die Kinder da sitzen zu lassen. Ich glaube, wir haben die Nachbarn gerufen, später sind unsere Eltern gekommen, und wir sind viele Tage nicht aus der Klinik nach Hause. Haben dort geschlafen, bis unser Kind gestorben war.

Sie musste noch drei Tage, 72 Stunden, verkabelt bleiben, bis der Hirntod eintreten wird. Das ist Gesetz, bis die Zellen am Hirnstamm alle tot sind. Ich habe meinen Mann getröstet, der ihr immer versprochen hat, sie mit dem Rollstuhl sein Leben lang zu schieben, nur damit sie bleibt. Ich wusste, dass unser Kind dabei war, uns zu verlassen.

Wir haben dann eine Nottaufe gemacht, aber von all den Worten ist nichts bei mir angekommen. Ich hatte mein sterbendes Kind im Arm, mehr habe ich nicht wahrgenommen. Die drei Tage, die dann folgten, waren eine wahnsinnige Marter, aber auf der anderen Seite auch wirklich gut. Von diesem Augenblick an kam aus meiner Brust keine Milch mehr, nur noch Salzwasser. Meine Brüste haben geweint, mein Körper hat es gewusst.

Das Medizinische haben wir nicht mehr verfolgt. Wir waren bei unserem sterbenden Kind und hatten drei Tage Zeit, es zu begreifen und Abschied zu nehmen. Das Sterbelager unseres Kindes wurde dann zur Pilgerstätte. Es kamen so viele Menschen und Freunde, setzten sich ans Bettchen und blieben wie bei einer Heiligen sitzen. Das hatte schon manchmal nichts mehr mit uns zu tun, sondern mit jedem selbst. Da liegt mein Kind von einem viertel Jahr wie ein kleiner Engel, und die Menschen kommen und suchen Heilung bei dem sterbenden Kind.

Ich weiß es auch inzwischen von ein paar Leuten, was sie dort für sich geklärt haben, oder bedauert, betrauert oder erkannt haben in ihrem Leben und sich dadurch was verändert hat.

In den drei Tagen haben wir nur noch auf unser Gefühl gehört und uns nichts mehr einredenlassen von außen. Wir hatten die Unterstützung von einer lieben Freundin, die jeden Tag intuitiv auf ihr Gefühl gehört hat und sofort kam, wenn sie gemerkt hat, dass wir Unterstützung brauchen, und uns geholfen hat, emotional das alles durchzustehen und auch praktisch. Wir waren so sehr aufgerissen in unseren Seelen, dass wir nicht reagieren konnten auf manche Dinge. Für diese Unterstützung bin ich sehr dankbar.

Wir haben unsere Tochter nach ihrem Tod mit nach Hause genommen. Ich konnte sie nicht ins Kühlhaus bringen, jetzt wo endlich alle Schläuche und Drähte ab waren und ich sie richtig fest an mich pressen konnte. Es war schwer, ein Beerdigungsinstitut zu finden, die das mit uns getragen haben.

Ich habe alles wie unter einem Schleier erlebt. Dieses viertel Jahr war zeitlos. Es gab keine Zeit mehr und alle Alltagsprobleme auch nicht. Das war auch sehr schön, weil es kein Gestern gab und kein Morgen. Jeder Augenblick zählte. Ich fühle noch heute das intensive Herbstgefühl. Ich habe den Herbst noch nie so schön gesehen wie in jenem Jahr. Die Farben und Düfte und alle Herbstlieder, die ich sang, habe ich noch nie so inbrünstig gesungen.

Wir sind dann mit dem toten Kind in unsere Wohnung. Ich dachte, das ist nicht mein Leben, ich war nahe dem Wahnsinn.

Unser Kind lag dann mit uns im Ehebett. Und irgendwie war alles so leicht, weil wir keine Sorgen mehr hatten. Vorher hatten wir nur Sorge.

Es war so gut, die Kleine neben uns zu haben. Vorher hatte ich nur Zweifel, ob ich das wirklich kann. Aber dann war es ein so stimmiges Gefühl, zwei Tage neben meinem toten Kind zu schlafen. Ich bin so froh und dankbar dafür. Vorher haben die Leute uns gewarnt: Tut euch das nicht an, ihr werdet das nie vergessen und so. Aber es war so gut, von ihr Abschied zu nehmen. Wie wir dort so zusammenlagen und dann mal wieder in die Küche gingen, um zu essen, und wieder die vielen Menschen, die sich in das Totenzimmer setzten mit den vielen Kerzen und der Musik – das kann ich nur jedem wünschen. Ein Abschied, der durch einen durchgegangen ist, der ausgekostet ist.

Und dann war der Zeitpunkt nahe, dass wir gefühlt haben, mein Mann und ich, dass das Kind in die Erde muss. Was macht das Leben in so einem Menschen aus? Die Frage stieg in mir auf. Nur wenn er eine Seele hat. Sonst bleibt nur die Hülle. Und die Hülle kann auch in die Erde. Die Seele war schon gegangen. Das war heilend für uns alle in der Familie.

Wir konnten sie freiwillig geben, unsere Kleine.

Es war gut, sie nicht in einen Sarg zu legen, sondern in eine Wiege, die Freunde gebaut hatten. Meine Kinder und ich haben die Wiege bemalt, und ich habe sie mit kleinen Röschen geziert und meiner Tochter auch einen Rosenkranz geflochten. Meine andere Tochter hat das Taufkleid ihrer Puppe der Schwester angezogen, und wir haben die rote Wolldecke, die Babydecke durchgeschnitten. Die eine Hälfte hat sie in den Sarg mitbekommen, die andere Hälfte liegt heute noch in unserem Ehebett. Da gab es auch viele heitere Momente in den Stunden. Das Leben bricht immer wieder durch, auch im Angesicht des Todes. Und das ist auch gut so.

Mein Mann wollte das Grab schaufeln. Der Friedhofspfarrer hat gemeint, dass das aus Sicherheitsgründen nicht geht und er auch nicht verstehen kann, was er damit bezweckt. Und das von einem Pfarrer, einem Seelsorger, der nicht begreift, dass dies eine Art der Trauerbewältigung ist.

Schön war, dass wir mit unseren Freunden die Beerdigung gestalten konnten, weil unser Gemeindepfarrer dafür Verständnis hatte und ein weites Herz. Es waren dann an die hundert Menschen zur Beerdigung, und wir haben 101 weiße Luftballons steigen lassen, weil unser Kind 101 Tage gelebt hat.

Nach der Beerdigung ging es dann eigentlich richtig los, ich meine die ganze Trauerarbeit. Das ist ein weiter Weg ohne Abkürzungen, ein Prozess, der nie zu Ende geht. Es ist jetzt sechs Jahre her. Es ist der Wahnsinn, ein Kind, das dem Leben geweiht war und aus der Liebe kam, dem Tod zu geben. Mein Mann und ich haben es am Krankenbett gehegt und gepflegt und dann mussten wir es doch hergeben. Hinterher macht man alles durch, was Menschen durchmachen können. Das Paar ist nach dem Tod des Kindes in Gefahr. Was wir uns an Verletzung gegeben haben, an Schuldzuweisung und Zorn.

Auch wenn die Leute immer gesagt haben, ihr braucht keine Schuld fühlen, ihr habt alles gemacht, was möglich war, die Schuldgefühle kommen. Es nützt nichts, wenn die Leute es einem sagen. Das muss man in sich selber klären, und das braucht Zeit.

Es gab Tage, da habe ich alles verflucht, dann habe ich nichts mehr gefühlt, dann wieder habe ich gezweifelt an meinem Schicksal, wollte ein ganz normaler Mensch sein, der so was nicht erlebt hat. Ich will einfach nur mein Kind bei mir haben. Man kann an so was zerbrechen.

Was mich kurz nach dem Tod von meinem Kind berührt hat, war, dass ich das Gefühl hatte, ich blicke mir zum ersten Mal in meine Seele. Ich stand vor einem Spiegel, und ich sah mich an und habe richtig gespürt, ich sehe mich ganz pur, wie ich bin. Alles war abgefallen. Das war so tief, dass ich ganz berührt war von mir selber, von dem Schmerz, von der Traurigkeit, von der Ehrlichkeit in dem Moment. Es war so ein stimmiges Bild, tief und authentisch, das hat mich sehr berührt. Da habe ich mir gewünscht, dass das so bleibt und dass ich immer in mein Herz blicken kann. Und ich habe gespürt, dass dies der Auftrag ist von meinem Kind, dass sein Tod nicht für umsonst gewesen ist. Der Weg ins Herz war gebahnt.

Und doch wäre ich bald daran zerbrochen. Es war eine Gratwanderung. Manchmal wäre ich am liebsten hinterhergegangen, dass wir alle zusammensein können. Aber wer sind alle?

Leid kann sehr böse werden, wenn es nicht beachtet wird. Leid kann in Zorn, Neid, Hass, Missgunst und Bitterkeit umschlagen und in Gejammer. Aber Leid muss immer wieder erzählt werden können, sonst nimmt es die anderen Formen an. Leid will gesehen werden.

Wenn ein Mensch trauert, muss man an seiner Seite bleiben, eher still als laut, ihn in den Arm nehmen und schweigen, mitfühlen. Keine Weisheiten, keine Worte. Ich konnte mich trösten durch die Arbeit mit Ton, die Arbeit mit meinen Händen. Es gibt keine Gemeinschaft mehr, die einen trauernden Menschen auffängt. Es braucht neue Netzwerke mit Menschen, die da sind und bleiben, auch wenn die Reaktionen des Trauernden unverständlich sind.

Ich bin nach dem Tod meines Kindes oft recht hart, ehrlich, aber ungeschönt gewesen. Damals ging es nicht anders. Habe Menschen vor den Kopf gestoßen. Das Gefühl war etwa so: Das Leben war hart zu mir, jetzt kann ich auch keine Rücksicht mehr nehmen. Das fühlt sich heute milder an und weicher, und das tut mir auch besser.

Es bleibt mir der Schatz, mein Kind für eine kurze, intensive Zeit mit so vielen Schmerzen und Ängsten bekommen zu haben. Eine Zeit, zu der ich heute mit so viel Sehnsucht zurückblicke, weil es eine Zeit war, aus der Zeit herausgerissen. Es war eine Zeit der Hoffnung mit einer enormen Kraft, die ich vorher noch nicht gekannt hatte. Hoffnung gibt enorme Kraft. Was ich jetzt noch weiß, der Weg des Schmerzes lässt sich nicht abkürzen, nicht betrügen oder überlisten. Er will ausgekostet und gegangen sein. Oft habe ich Unverständnis naher Verwandter und Freunde erleben müssen. Doch durch etwas zu gehen, heißt, es jeden Tag tun zu müssen. Nur so hat Wandlung eine Chance. Manchmal habe ich mich gefühlt wie auf einer Kamm-Wanderung, wo mich der Sturm wegfegen kann. Deshalb gibt es nie eine Garantie trotz guter Begleitung, ob es das Herz und die Seele schaffen, das Schicksal anzunehmen, oder ob man in Bitterkeit stürzt. Der Weg geht weiter, und ich spüre das. Oft fühle ich eine Kraft, die von meinem Kind zu mir kommt, dass ich manchmal nicht weiß, bin ich es oder sie. Wir sind verbunden.

Ich habe mit Gott gehadert. Der Trost kam im alltäglichen Erleben mit der Natur und der Schöpfung. Ich hatte Zeit, den Kreislauf des Lebens zu beobachten. Ich habe kleine Vögel sterben sehen. Die Vogeleltern saßen noch einige Tage auf der Stange beim verlassenen Nest und trauerten. In solchen Situationen habe ich mich eingebunden gefühlt in den großen Kreislauf, der ohne Erbarmen sein kann und doch wieder neues Leben wachsen lässt.

Besonders im Jahr nach dem Tod meiner Tochter habe ich mich ganz allein gefühlt. Die Grausamkeit zu spüren, dass alles weiterläuft, nur ich laufe nicht weiter. Habe gespürt, dass ich für die Außenwelt schwierig war zu behandeln. Wo sind die alten Frauen meines Stammes, die mich trösten, wiegen und halten in meinem Schmerz? Mein Herz ist zerrissen, etwas ist rausgerissen, und ich ahne, dass es dauert, bis ich Boden unter den Füssen habe. Habe eine ertrinkende Frau gemalt, die Stein auf Stein setzten muss, um aus dem Wasser raus zu kommen, nicht ahnend, woraus sie die Steine formen soll. Wo war das Verständnis meines Mannes, meines Geliebten, der meine Trauer satthatte, meinen Gesichtsausdruck? Manchmal habe ich mich wie ein Tier gefühlt, das sein Junges sucht.

Als ich mein Gesicht sah im Spiegel und mich tief in meinem Herzen gesehen habe, wollte ich nur noch den Weg meines Herzens gehen. Da ist mir wie ein Sinn aufgegangen, auf der Welt zu sein. Wenn ich in meine Seele schaue, da zeigen sich mir immer ähnliche Bilder. Eine Blüte, die aufbrechen will, Flügel, die ich modelliere, ein bunter Vogel, auf den ich steigen möchte und mit dem ich fliegen darf. Da bin ich meinem Kind so nahe.

Ich wünsche mir, meine kreativen Ausdrucksmöglichkeiten weitergeben zu können an Menschen. Die Menschen, die ein ähnliches Schicksal tragen, erkennen sich. Ich hoffe wir erkennen uns, um uns immer wieder alles zu erzählen und immer wieder zu erzählen, um den Schmerz zu ertragen und letztendlich zu wandeln.

Es gibt eine sehr große Sehnsucht. Ich möchte irgendwann in den Bergen leben, wegen des weiten Blickes, sehr einfach. Ein Stück Brot, mehr muss nicht sein, und inmitten der Natur.

Eine nahe Sehnsucht ist, mit meinem Mann und meiner Tochter in einen Bus zu steigen und einfach loszufahren, irgendwohin. Frei sein, einfach nur frei sein und unbeschwert.

Nele

„Ich wünsche mir, bei mir selbst anzukommen"

Nele ist hochschwanger mit ihrem dritten Kind. In ihren Augen ist eine immerwährende Traurigkeit zu sehen und manchmal eine Art Abwesenheit. Sie ist Anfang dreißig, verheiratet und lebt auf einem Dorf in der Nähe einer sächsischen Kleinstadt. Sie hat ein hübsches Gesicht mit dunklen Augen und braunen Locken. Sie leidet unter einer Krankheit, die so viele Frauen haben: Ess-Störung.

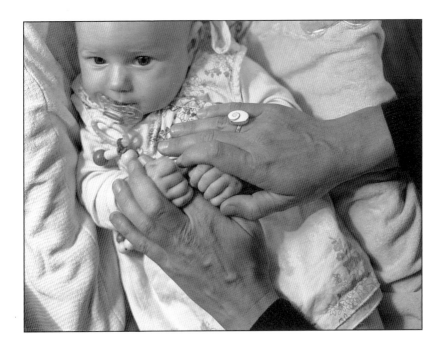

Wenn ich an meine Kindheit denke, sehe ich mich an der Ostsee mit Strohhut, nackt und wild, eine kleine Dicke, die sehr gerne isst und ihren Eltern davonläuft, in die andere Richtung von den Eltern. Also ich wollte abhauen. Und bin auch gegangen. Meine Eltern haben mich gesucht, doch ich war weg. Ein junger Mann hat mich zurückgebracht, an den hatte ich mich gewandt. Da bin ich drei Jahre. Ich hatte keine Angst.

Ich bin 1977 geboren und in der „Platte" aufgewachsen. Hatte noch einen Bruder, der nie eine Rolle gespielt hat. Meine Mutter war immer krank und voller Angst, sie wurde immer ins Krankenhaus gebracht weil sie dachte, dass sie stirbt. Das war schrecklich für mich. Ich hatte keinen Bezug zu ihr. Der Krankenwagen kam so oft und holte sie. Nach den Krankenhausaufenthalten hat sie immer autogenes Training in meinem Kinderzimmer gemacht. Das war für mich sehr befremdlich, habe es nicht verstanden. Ich wusste nicht, was sie da macht und warum sie auf dem Stuhl sitzt und nicht mit mir redet. Sie war immer mit sich beschäftigt. Mein Vater war greifbarer. Er kam abends ans Bett und hat sich für mich interessiert.

Wir lebten also im Ghetto, d.h. DDR-Neubau. Für meine Eltern war das ein Riesenglück und Luxus, denn es gab warmes Wasser, Heizung und ein Bad mit WC. Vorher lebten sie auf dem Lande in einem alten Bauernhof mit Plumpsklo und Wasser schleppen, ohne Heizung mit gefrorenen Wänden im Winter. Mein Bruder ist in der Wochengrippe aufgewachsen, weil meine Mutter noch studiert hat. Mit zwei Monaten ist er hingekommen. Er hat am Wochenende seine Mutter nicht mehr erkannt. Sie ist Lehrerin geworden, mein Vater später auch, aber für Berufsschule.

Im Neubau war es eine sehr kleine Wohnung, das war normal. In der Küche war so wenig Platz, dass wir keinen vierten Stuhl stellen konnten. Es gab auch kein Fenster. Ich saß immer auf dem Mülleimer. Das Kinderzimmer war ein Schlauch.

Ich hatte keinen Vergleich, und so war das „Ghetto" ein Ort meiner glücklichsten Kindheitserinnerungen. Es gab so viele Kinder dort, und wir trafen uns an den Mülltonnen und Teppichstangen, oft sind wir auf Bäume geklettert, und ständig habe ich Schlüssel verloren.

Wir hatten eine Clique, auch besonders im Jugendalter, mit der bin ich herumgezogen. Wir waren alle zusammen in der Krippe gewesen, im Kindergarten, in der Schule, und abends vorm Haus. Ein Neubaugebiet ist wie eine kleine Stadt, alle kennen sich. Auch heute noch, wenn ich dort durchfahre, kommt mir ein gutes Gefühl an meine Kinderzeit. Es war immer die gleiche Kassiererin im Konsum, das ist Vertrautheit. Weihnachten war besonders schön, weil in allen Fenstern die Schwippbögen aufgestellt wurden und ich im Haus gegenüber beobachten konnte, wie es sich die Leute gemütlich machen. Abends kamen Trompeter, die haben Musik gemacht. Vorher gab es gemeinsame Arbeitseinsätze, die Subbotniks. Da wurde geputzt und geflimmert, damit alles sauber ist zu den Festtagen. Dadurch hatten alle ein festes Verhältnis zueinander. Das gibt Geborgenheit.

Nach der Wende ist diese Sicherheit weggebrochen. Alles wurde anders. Auf dem Schulhof wurden die Bücher verbrannt und die Lehrer entlassen. Ich war 12 Jahre und in der Pubertät. Unsere Klasse wurde aufgeteilt und alles auseinandergerissen. Ich habe den Mauerfall gar nicht registriert oder besser: kapiert, weil meine Eltern auch nicht gegen den Staat waren. Ich habe von daher die Kindheit in der DDR als wohlbehütet und gefahrenlos empfunden. Wenn ich jetzt an die Kinder denke, da ging es uns viel besser. Die Erwachsenen haben uns spielen lassen ohne Angst, dass uns was passiert. Von wegen Aufklären über Menschen, die den Kindern was tun wollen. Ich war viel mit meinen Eltern in Polen bei den Pfadfindern, das war schön. Ich hatte eine typische DDR-Kindheit und brauchte keine Milka-Schokolade, mir hat nichts gefehlt. Es wurde alles selbst gemacht, eingekocht und hergestellt, Marmeladen und Säfte und so. Ich habe das Gefühl, dass die Familie damals besser funktioniert hat, Mutter, Vater, Kinder. Es gab eine Ordnung, die jetzt fehlt. Es war in meiner Erinnerung die kleine heile DDR-Welt. Nach der Wende kamen die Probleme. Das ging schon los mit Markenklamotten tragen müssen, um mithalten zu können.

Meine Familie hat keine Wurzeln, alles Vertriebene. Mein Opa väterlicherseits ist Ungar und die Oma Slovakin, mein anderer Opa ist Pole und die Oma Schlesierin. Die Vertreibung hat ein großes Angstthema, Minderwertigkeit und Ruhelosigkeit in die Familien gebracht. Wurde ja nie aufgearbeitet. Auch die Traurigkeit nicht. Mein Psychologe hat das auch gesagt. Auch ich bin ruhelos. Bin oft umgezogen.

Meine Oma Elisabeth väterlicherseits war sehr wichtig für mich. Sie hat sechs Kinder alleine aufgezogen. Der Opa war im Schacht und hatte mit 40 Jahren einen Schlaganfall. Sie hat ihn auch noch gepflegt. Sie verlor einen Sohn, der über die Grenze abgehauen ist, er war vermisst. Später ist der andere Sohn gestorben an Magendurchbruch. Das hat sie nicht überlebt. Wenn ich bei ihr in den Ferien war, hat sie sich für mich Zeit genommen. Sie musste den ganzen Tag arbeiten. Abends hatte sie immer ein Ritual. Sie rauchte eine Duett, Lockenwickler in den Haaren, und sinnierte vor sich hin. Das war ihre Zeit, und ich durfte bei ihr sein und mit ihr reden. Ich durfte mich schminken und Ketten anlegen, Kleider von ihr anziehen und so was. Wir waren viele Enkel, haben alle dort Ferien gemacht. Das war schön.

Die Oma mütterlicherseits war nicht gut, sie hat immer geschimpft. Meine Mutter war ein ungewolltes Kind, sie buhlt heute noch um die Liebe meiner Oma. Bei meiner Psychotherapie haben wir herausbekommen, dass meine Oma vor meiner Mutter einen Sohn verloren hat, um den sie nie getrauert hat. Da gibt es ein schwarzes Loch der Trauer im Familiensystem. Man kann das Leben nicht nehmen, und das heißt, sich nichts nehmen. Das kann schon die Ursache für meine Ess-Störung sein. Es wird übertragen. Meine Mutter konnte mir nichts geben, sie ist in das Loch hineingeboren.

Ich war oft krank als Kind, immer Nierenschmerzen und Blasenschneiden. Nächtelang habe ich über einer heißen Wasserschüssel gesessen und Bäder gemacht wegen der Schmerzen.

Meine Eltern waren nicht sehr glücklich, die Mutter immer krank. Mein Vater hat irgendwann angefangen zu trinken. Er ist weicher und weiblicher als meine Mutter. Sie leben heute noch zusammen. Mein Vater ist gut zu meinen Kindern, ein guter Opa, der sich Zeit lässt.

Jedenfalls habe ich als Kind für mein Leben gern gegessen. Als ich vier war, hat die Kinderärztin zu meinen Eltern gesagt, ich wäre zu dick. Daraufhin ging die Essenskontrolle los. Im Kindergarten durfte ich keinen Nachschlag holen. Im Hort habe ich die Erzieher ausgetrickst, indem ich mich hinter meiner Freundin versteckt habe und heimlich Nachschlag geholt habe. Keiner durfte erfahren, dass ich zweimal gegessen habe. Essen oder Nichtessen wurde also zum ständigen Thema. Einmal habe ich fünf Mark verfressen von meinem ersten Westgeld, da hat mich mein Vater das erste und einzige Mal geschlagen. Ich fing dann an zu lügen, mein eigenes Leben innerlich aufzubauen, wo meine Eltern keinen Zugang mehr haben. Meine Eltern standen in der DDR-Öffentlichkeit. Sie wollten gut dastehen und haben uns streng erzogen. Mit fünf bin ich zu den Leistungssportlern gekommen, Sektion Schwimmen. Dort ging es weiter mit der Kontrolle des Essens. DDR-Leistungssport bedeutet, jeden Tag Training ab dem siebenten Lebensjahr. Mein Tagesrhythmus war: Schulegehen, Hausaufgabenmachen, Training bis abends, nach Hause gehen, Abendessen, Bettgehen. Jeden Tag! Ich durfte zu keinem Pioniernachmittag, nicht in den Chor oder zu anderen Veranstaltungen. Meine ganze Kindheit war Leistungssport mit vielen Wettkämpfen. Ich wollte immer die Goldmedaille und besser sein als die Jungs. Im Trainingslager hatten wir einen Drill. Wir wurden streng erzogen. Zehn Minuten zu spät kommen, bedeutete zehn Liegestütze und ähnliches. Mir wurde immer was vorgegeben, was erreicht werden sollte, und wenn man es nicht erreichen konnte, dann gab es Konsequenzen und Strafe. Zum Beispiel, man kommt an der Wende an und der Puls ist nicht schnell genug, nochmal drei Runden bis zum Kotzen. Immer bis zur Grenze gehen, das wurde verlangt. Meine schönsten Erinnerungen sind die, dass ich mit meiner besten Freundin vor dem Training 100g Leberkäse, eine Semmel und ein Päckchen Vanillezucker heimlich gekauft habe oder eine Waffel mit Schlagsahne … Wir wurden ständig kontrolliert vom Sportarzt. Wir mussten vier Kriterien erfüllen: Schulische Leistungen, sportliche Leistungen, den richtigen Körperbau, Größe und richtiges Gewicht. Die Mädchen kamen mit zwölf auf die Sportschule, die Jungs mit dreizehn. Es war mein Wunsch, ich wollte es unbedingt. Es war meine Anerkennung, meine Familie, mein Leben. Ich habe es für mich gemacht, aber wenn man mit fünf Jahren anfängt, weiß man nicht mehr, ob es der eigene Wunsch war oder der Wunsch der anderen.

Ich durfte in die „Pionierrepublik" fahren, und vor dem gesamten Schulappell bekam ich Auszeichnungen. Ich wurde hochgeschoben, und das war eine Anerkennung, die ich brauchte.

Dafür musste ich zahlen, das weiß ich heute erst. Wir bekamen auch Tabletten für die Leistungssteigerung, ohne dass die Eltern es wussten. Man sagte, dass es die Menstruation verschiebt. Leistung, immer Leistung mit allen Mitteln. Zum Beispiel Kanalschwimmen ist für ein kleines Mädchen der Horror. Es ist ein Becken, wo verschiedene Wasserströmungen hineingegeben werden. Es gibt ein Fenster, da sehen die Trainer von außen den Stil der Schwimmer. Den wollen sie sehen, damit sie was verändern können. Ich musste immer schneller schwimmen, damit ich noch ein paar Kilo verliere. Die eine Trainerin wollte mich unbedingt haben. In dem Becken hatte ich Angst, wenn ich nicht schnell genug war, wurde ich an die Wand gedrückt, und ich bekam Panik. Und immer kam das Thema, dass ich zu dick bin. Ich war nicht dick, aber für ihre Leistungsbedingungen nicht ideal.

Als ich in einer Therapiestunde später mit dem Inneren Kind arbeiten sollte und auf ein Foto von mir blickte, kam das Gefühl zu mir: eine wilde Freche, die alles haben will vom Leben und auch entdecken. Das bin ich vielleicht wirklich. Eine, die das Leben fressen will mit Haut und Haar. Aber ich hatte keine Kindheit zum Ausleben von dem.

Die Ess-Störung ist ein Aussteigen in ein Eigenleben ohne Kontrolle von außen. Ich habe die Kontrolle über mich. Kontrolle, aber nicht das wirkliche Leben, dazu hat man kein Vertrauen. Das kennt man gar nicht, was Eigenleben heißt. Mit 17 bin ich von zuhause weg in die Lehre. Wollte auch nicht mehr Sport machen, nicht mehr so funktionieren. Da ging es los mit der Ess-Störung. Von da bin ich abgehauen und habe im Trabant gelebt. Habe Drogen genommen mit anderen Leuten zusammen: Speed, LSD, Kokain. Ohne Kontrolle bin ich total ausgeflippt. War auf dem Selbstfindungstrip, habe Leute kennengelernt, die auf der esoterischen Schiene waren, mit Runen und Trallala, dann Rosenkreuzer. Immer auf der Suche, um das Leben in allen Extremen zu leben, um wegzukommen von Zuhause und der ganzen Kontrolle, die ich bis dahin hatte. Immer Grenzerfahrungen. Es ging sogar um Apokalypse, Todesnähe, das hat mich fasziniert. Hatte Freunde, Männer, die mich geschlagen haben. Ich war immer das Opfer. Wir haben Drogen genommen, und einmal hat mich ein Typ, der sich „Schamane" nannte, bei einem LSD-Trip vor den Spiegel gesetzt, was man nicht darf. Bei LSD verschiebt sich die Wahrnehmung, und alles hat sich aufgelöst, habe alle Lebensalter von mir im Spiegel gesehen. Habe gedacht, ich bin nur noch Hülle, mein Körpergefühl war weg. Dachte, mein Inneres ist im Spiegel geblieben und laufe nur noch als Hülle draußen herum. Konnte eine Woche nicht mehr reden. So was wie „Mama" konnte ich nicht mehr sagen, mir fiel kein Wort mehr ein, ich habe nur noch geweint. Dann hat der Typ seine Hände auf mein Herz gelegt, mir wurde ganz heiß, und plötzlich war ich wieder da. Von da an hatte ich immer wieder Angstzustände. Das, was man mit Drogen erfährt, muss man auch verkraften. Das kann man noch nicht, wenn man jung ist und nichts von sich kennt. Ich wollte mich immer umbringen. Einmal mit dem Messer. Mit Drogen ist man nicht mehr man selbst.

Dann habe ich aufgehört, von heute auf morgen. Aber ich bin extrem in die Ess-Störung gerutscht. Es kam dann die Angst, wenn alles organisch wird, real. Drogen sind auch ein Aspekt vom Leistungssport. Es geht um den Adrenalinspiegel, den Kick. Immer und immer wieder wird der Kick produziert. Ich wurde magersüchtig. Das ist auch ein Kick, die totale Kontrolle über sich selbst macht stark und stolz. Erst schiebt man die Kalorien vor und zählt und zählt, weil man zu dick ist.

Nach dem Sport bin ich zunächst sehr dick geworden, weil ich nicht abtrainiert und vieles mit Essen kompensiert habe. Nach der ersten Diät war es wie ein Selbstlauf. Nichts essen und Abführmittelmissbrauch, manchmal bis zu zwanzig Tabletten. Ich ging immer in verschiedene Apotheken, damit es nicht auffiel. Ich saß Nächte auf dem Klo mit Krämpfen im Darm, wollte, dass alles leer ist und nichts in mir bleibt. Ich hatte unerträgliche Schmerzen, weil nur noch

Darmflüssigkeit kam. Habe einen Apfel gegessen am Tag und dafür so viele Tabletten zum Abführen. Der Schmerz ist eigentlich ein seelischer Schmerz, wenn man auf dem Klo sich windet, das sind Qualen. Eigentlich braucht man Hilfe, aber das will man nicht. Man leidet hinter der abgeschlossenen Tür, kommt dann raus und lächelt.

Eigentlich will ich was essen, aber ich kann es nicht. Diese Kartoffel kann ich jetzt nicht essen. Ich bin es nicht wert, was zu essen, mir Nahrung geben. In der Therapie hat man uns mit Esstraining programmiert, aber das passt nicht, das hat nie funktioniert. Es geht um das Emotionale dahinter. Immer wenn ich in Stress bin, wiederholt sich das Muster, oder wenn es mir schlecht geht, verweigere ich das Essen. Selbst jetzt in der Schwangerschaft. Es ist ein Leben lang ein Thema und vielleicht nie zu heilen.

Ein schlechtes Gefühl, nicht klarkommen mit einer Situation, und sofort geht

es los. Heute ist es nicht mehr ganz so schlimm. Früher habe ich manchmal mit dem Messer vorm Spiegel gestanden und wollte mir das Fett abschneiden oder meine Brüste. Dabei war ich schon total dünn. Habe oft Wutausbrüche bei meinen Eltern gehabt, wie fett ich wäre und nie mehr auf die Strasse gehen kann. Ich habe Spiegel zerschlagen, aber nur bei meinen Eltern. Die sollten das alles abfangen. Habe weite Hosen getragen zum „Fett" kaschieren. Fotos von mir aus der Zeit waren zum Erschrecken, Haare abgeschnitten und ein Knochengerüst. Wie der Tod. Ich habe mich gut gefühlt, wenn die Menschen sagten, wie schlecht ich aussehe. Damit bekam ich Aufmerksamkeit und Zuwendung. Habe in der Therapie auch gelernt, dass man den Eltern die Zerbrechlichkeit zeigen will, dass man es nicht mehr tragen kann. „Seht ihr nicht, wie zart und zerbrechlich ich bin, seht ihr das nicht?! Ich kann das alles nicht mehr tragen für euch. Ich bin ein kleines zartes Kind und so zerbrechlich." Das Gegenteil von der siegreichen Leistungssportlerin, um die man sich keine Sorgen machen muss, weil ja die Eltern ihre eigenen Probleme haben. Ich wollte gesehen werden als Mensch in der Seele, nicht bemuttert und umsorgt. Man will nicht, dass die Eltern sich Sorgen machen, man will ernstgenommen werden. Sorgen und Ohnmacht von den Eltern helfen gar nicht. Man braucht die Stärke der Eltern, ihre Kraft und Verantwortung, um weiterzukommen. „Heule in meinen Armen, du schaffst es, ich glaube an dich!" das hätte ich gebraucht. Man braucht es so sehr, dass die Mutter präsent ist, aber sie war ja nie da.

Am Ende ist die Ess-Störung eine Mutter, sie übernimmt die Kontrolle über mein Leben, nicht die nährende Mutter, aber eine Mutter, die mir eine Bestätigung meiner selbst gibt, dass ich es schaffe und stark bin. Meine Ess-Störung hieß „Oskar". Auf den war Verlass, dem konnte ich Vertrauen, der war immer da, der hatte alles im Griff, aber er war ein Skelett, er war der Tod. Eine Ess-Störung ist Suizid auf Lebenszeit. Es sterben viele Menschen an Ess-Störungen.

Ich hatte Minderwertigkeitskomplexe noch und noch, weil ich außer Leistungssport nichts konnte. Die Ess-Störung hat mir geholfen, jemand zu sein. Ich hatte eine Identität. Jetzt könnt ihr mich sehen, ich kann nicht auf der Bühne stehen, aber ihr könnt mich bemitleiden. Leider funktioniert es nicht. Es ist ein Glücksgefühl, sich total unter Kontrolle zu haben. Ja es ist die totale Kontrolle über den Körper. Ich bin mein eigener Diktator, es macht mich stolz, dem Hunger und dem Schmerz zu widerstehen und die totale Leere zu fühlen. Das gibt Kraft. Eigentlich hat man ständig Schmerzen und man hat Lust und Gier auf Essen, aber man verbietet es sich und ist stolz darauf. Dann kippt es, und man rutscht in die Depression. Von da an sieht man sich nur noch dicker werden, es gibt eine verzerrte Wahrnehmung. Man verliert das Gefühl für seinen Körper. Je dünner man wird, um so dicker fühlt man sich. Das ist makaber, aber es ist so. Dann streicht man wieder was vom Speiseplan und ist stolz auf den Verzicht. Wenn der Heißhunger kommt und man sich vergisst, kotzt man es heraus oder führt es mit Abführmitteln weg. Bis man immer dünner wird und die anderen einen in die Klinik bringen. Magersucht ist eher sichtbar. Bulimie ist versteckter und gefährlicher.

Wenn man aus dem Teufelskreis will, muss man sich mit seinem Körper auseinandersetzen, ihn kennenlernen. Eigentlich will man ihn vernichten, zerstören, sich in Luft auflösen. Ich habe Gedichte geschrieben wie: „Ich will mich auflösen und von euch gehen, und von hier oben werdet ihr sehen, wie gut es mir geht". Eigentlich sind die essgestörten Menschen hochsensibel und intuitiv, aber sie wissen nicht wohin mit dieser Fähigkeit. Ich will mich suchen, und dann muss ich nicht mehr süchtig sein.

Es gibt viele essgestörte Mädchen, deren Mütter jetzt so um die Vierzig sind, und auch schon eine Ess-Störung hatten. Und deren Mütter konnten auch schon keine Frauen sein und die Weiblichkeit annehmen. Meine Mutter hatte auch eine Ess-Störung, sie machte ständig Diäten. Es gab nur Gemüse ohne Butter und Öl. Einmal wäre sie bald gestorben, weil sie nur Eier gegessen hatte.

Es ist der Hammer wie alle essgestörten Mädchen, abgeklappert und dürr, nach außen hin eine Stärke zeigen, die unglaublich ist. Die haben eine Kraft, „nein" zu sagen, auch wenn sie sterben, sie essen nicht.

Ich muss mich nachnähren. Ich zerfließe im Leid, wollte immer Opfer bleiben. Habe alle Leute, die mir helfen wollten, weggeschickt. Auch meine Mutter, ich kann mich nicht von ihr anfassenlassen, bis heute nicht. Ich habe sie gehasst, ihren Körper ekelig gefunden. Sie will immer helfen. Jetzt ist es mir gelungen, in den Armen meiner Mutter zusammenzubrechen und mich halten zu lassen in dieser Schwangerschaft, wo alles nochmal hochkam. Ich war hilflos. Erst kommt das Gefühl, ich brauche dich nicht, lass mich in Ruhe, und wenn sie mich dann doch hält, kommt die Traurigkeit. Eine Ess-Störung ist die Hölle. Mit meinem Mann ist was anders geworden. Wir sind zwei verwundete Seelen und hatten schwere Zeiten miteinander. Mein Mann will mich wirklich sehen, er will mich erkennen. Das ist schön für mich aber auch schwer, weil ich mich selber nicht zeigen konnte. Das bedroht mich auch, wenn ein Mensch mich sieht. Dann muss ich mich auch manchmal verstecken. Ich habe ja selber immer mit mir zu tun. Aber in dieser Schwangerschaft ist alles von meinem Leid nochmal gekommen, wir konnten uns nicht entziehen. Da ist die ständige Angst, was ich meinen Kindern antue, wenn ich nicht essen kann. Fühle mich auch schuldig. Oder die Hilflosigkeit meines Mannes mir gegenüber und die viele Angst, jetzt in der Schwangerschaft. Wir haben es echt nicht leicht.

Doch wenn man durchgeht, kommt dahinter immer eine neue Qualität hervor. Wir haben es oft erlebt, sind an alle möglichen Grenzen gekommen und haben viele Totpunkte gehabt, zusammen und jeder für sich, waren danach aufgeweicht und verletzlich, aber genau da ging es weiter. Immer wenn der Panzer fällt. Das ist eine Reise, unsere Reise. Wir reisen nicht nach sonstwohin, sondern zu uns. Das ist eine Bereicherung. Es ist eine Bereicherung, aufgeweicht zu sein und sensibel. Es ist eine Stärke und keine Schwäche, das ist nicht leicht, das erst mal so zu begreifen.

Ich wünsche mir, bei mir selbst anzukommen, und noch mehr echte Gefühle, eine Bestätigung mir selbst gegenüber, dass ich es wert bin zu existieren, weil mich andere brauchen, und weil ich mich auch will. Meinen Kindern wünsche ich Leichtigkeit, vielmehr Leichtigkeit, und dass sie den Weg des Herzens gehen können.

Michelle, die Tochter von Uschi

„Ich glaube daran, dass das Leben was mit uns vorhat und ich auch
in schlechten Zeiten vertrauen kann."

*Michelle ist fast zwanzig Jahre alt, ein junges Mädchen von kräftiger Gestalt mit
braunen Augen und vollem, dunklem Haar. Man sieht ihr die nichtdeutsche Abstammung an. Sie hat einen melancholischen Blick, und ihr Wesen ist nach innen
gekehrt. Sie ist sehr sensibel und vorsichtig. Gemeinsam mit ihrer Mutter versorgt sie
Tiere, Garten und Bienen. Sie ist dabei, einen eigenen Lebensweg zu finden, da sie
von Zeit zu Zeit von einer heimtückischen Krankheit heimgesucht wird.*

Geboren bin ich 1989 im Sommer. Wenn ich mich an irgendwas erinnern kann von der frühesten Kindheit, dann ist es, dass mein Onkel mich in die Luft geschmissen hat und ich gejauchzt habe. Keine Ahnung warum das so hängen geblieben ist, aber das war schön. Ich war ein oder zwei Jahre alt. Eine andere Erinnerung ist, dass ich mit meinem Vater am Tisch sitze und mit anderen Leuten, die trinken alle Schnaps, und ich trinke auch ein bissel. Es schmeckt mir nicht, und ich ziehe ein Gesicht und alle lachen. Es waren russische Leute. Mein Vater war ja russischer Abstammung.

Einmal habe ich in einen Kaktus gebissen, und ich sehe, wie meine Mutter mir hilft.

Ich esse Brot und Milch aus dem Katzennapf, weil ich gerne Brot und Milch gegessen habe.

Ich erinnere mich an unsere Katzen und an den Hahn, der mich immer gehackt hat, und an unseren Garten. Ich hatte eine Puppe, die war so groß wie ich, der habe ich meine Sachen angezogen. Ich sehe unseren Schäferhund, der mir einen Fleischklops aus der Hand entwendet. Mein Vater schlachtet ein Reh, das von unserer Hündin gejagt und gerissen worden ist, ich stehe dabei und sehe zu. Ich gehe nicht gerne in den Kindergarten.

Dann sehe ich meine Mutter weinen nach dem Unfall meines Vaters, und wie ich ihr ein Kuscheltier schenke. Ich habe gemerkt, wie traurig meine Mutter war, das war schlimm, weil sie nicht der Typ ist, der weint. Ich habe es, glaube ich, nicht richtig mitbekommen, dass mein Vater tot ist. Meine Mutter hat es zwar erzählt, aber es ist nicht im Kopf angekommen, eher gefühlsmäßig. Dann sehe ich Bruchstücke von unserem Umzug, da war ich vier.

Habe immer im Bett von meiner Mutter geschlafen. Ich weiß nicht, ob mir mein Vater bewusst gefehlt hat, eher wieder mehr unbewusst. Ich habe die Gesichtsform, Mund und die Nase von meinem Vater, die dicken Haare und die Locken, die Statur auch, eben kräftiger Knochenbau. Meine Familie väterlicherseits hat mir wohl gefehlt. Immer wenn ich in einer großen Familie war, habe ich an meine große Familie gedacht, wo ich in einem Kreis von Leuten geborgen bin. Ich kannte ja nur meine Mutter, meine Oma und den Opa. Ich weiß gar nicht, ob ich die sowjetische Familie gemeint habe, aber eben eine große Familie. Ich habe mich geborgen gefühlt bei meiner Mutter und der Oma. Aber bei einer großen Familie sind mehr da, wenn einem mal was passiert. Da hat man nicht so viel Angst. Meine Oma war sehr wichtig. Habe mich wohlgefühlt bei ihr. Als ich in die Schule kam, haben alle über die Direktorin erzählt, dass sie es noch so macht wie in der DDR. Sie hat immer darauf geachtet, dass es einen persönlichen Kontakt gab. Sie hat sich sehr um mich gekümmert, das war mein Glück, das war gut. Ich bin zwar im Wendejahr geboren und habe die DDR nicht mehr erlebt, aber ich denke, dass die ostdeutschen Leute anders sind als die Westdeutschen. Hier ist alles viel einfacher, die Lebensweisen, und die Leute sind nicht so überheblich.

Für mich waren die Lehrer sehr wichtig. Ich habe bei ihnen Schutz gesucht. Die Grundschulzeit war schön. Es gab einen Zusammenhalt, anders als an der Mittelschule oder im Gymnasium. Das Gefühl von einer Klasse war nur in der Grundschule. Das tut einfach gut.

Eigentlich war ich immer schon ein Einzelgänger. Ich habe mich immer gefragt, was das ist. Das kann mit dem Fremdländischen zusammenhängen, ich weiß es aber nicht genau. Ich habe mich immer so gefühlt, auch im Kindergarten, dass ich anders bin. Meine Gefühle waren immer anders. Habe mich mit anderen Sachen beschäftigt, womit die anderen sich nicht befassen, und ihre Interessen waren nicht meine. Darüber war ich traurig. Ich wollte mittendrin sein, wie alle sein. Habe gelitten, mich so einsam zu fühlen, besonders als ich noch ein Kind war.

Ich war sehnsuchtsvoll, habe es mir anders gewünscht. Es war eine Barriere für mich. Das sowjetische Volk ist ein melancholisches Volk, das habe ich auch, sagt meine Mutter, eben anders als die Deutschen. Habe viel mit meiner Mutter drüber geredet. Es ist die schwermütige Mentalität. Sie sind ein Volk, die viel durchgemacht haben in der Geschichte.

Manchmal bin ich auch stur, aber das ist, glaube ich, von meinen Eltern, die haben das beide. Und ich bin temperamentvoll, wenn ich nicht gerade krank bin. Und zuverlässig bin ich auch, aber das ist von meiner Mutter, auf sie ist immer Verlass. Manchmal bin ich schwer von Kapee, zu langsam im Verstand, wie mein Vater, sagt meine Mutter.

Das Leben hier in dem Haus als Kind mit meiner Mutter war schön. Wir haben im Bach gebadet, gezeltet und mit Freunden der Familie hier wie Urlaub gemacht. Es gibt viele schöne Erinnerungen.

In der Mittelschule wurde ich sehr angegriffen wegen meines Aussehens, weil ich kräftig war. Wurde ausgelacht und so. Habe mich nicht wohl gefühlt in der Klasse. Der Klassenlehrer war sehr zynisch. Ich hatte den Eindruck, der kann die Schüler nicht leiden und ist nicht gerne Lehrer. Den hat auch nicht interessiert, was mit den Schülern war. Es wurden viele gehänselt.

Ich wollte von der Schule weg aufs Gymnasium, mit der Hoffnung, dass es dort besser wird.

Auf dem Gymnasium wurde es erst mal besser, aber später ging es genauso weiter. Das war ein Schock für mich, weil viele gegen mich waren, und meine beste Freundin hat nicht zu mir gehalten. Ich saß im Bus alleine vorn, und alle anderen hinten hatten Spaß. Das ist ein unbeschreibliches Gefühl. Ich habe überlegt, woran es liegt, man hat ja auch seine Anteile. Ich bin nicht drauf gekommen, weil ich mich auch nicht anders verhalten habe als die anderen Mitschüler.

Es ist schwer für mich, jetzt nochmal darüber zu reden, weil die Zeit schrecklich war, sehr schrecklich.

Dann fing die Krankheit an, vielleicht hing es irgendwie mit dem Mobbing zusammen. Es war Pfingsten 2002. Plötzlich nimmt man Dinge wahr aus anderen Welten, und man denkt es ist real.

Ich habe nichts mehr gegessen, weil ich erst mal dachte, wenn ich dünn werde, werden mich die anderen besser leiden können. Dann habe ich mein Umfeld anders wahrgenommen. Dachte, die aus meiner Klasse nehmen Drogen, harte Drogen. „Gras" rauchen die sowieso. Ich habe meine Familie väterlicherseits wahrgenommen und gedacht, dass sie mich suchen. Mein Nachbar war mein „Onkel" auf einmal, und mein Freund kam aus „Russland". Es ist zwar schlimm, diese Psychose, aber diese andere Welt, die hat mir auch große Freude gegeben. Ein Nebeneffekt ist große Angst, die ist nicht schön, und aggressiv werde ich auch. Dann kommt eine Art Verfolgungswahn auf positive Art und Weise, wie die Anwesenheit meiner Familie, und auf negative Art, dass mir Leute was antun wollen. Ich dachte, dass mein Vater lebt und noch da ist. Meine Mutter war sehr ratlos, und ich wurde erst mal in die Kinderklinik gebracht. Wenn ich darüber rede, ist es mir peinlich. Die haben mitgekriegt, dass was nicht mit mir stimmt. Hatte das Gefühl, in einem kriminellen Umfeld zu sein, und habe in einer anderen Frau meine Grundschullehrerin gesehen, die mich retten will. Das war für mich kein Krankenhaus, das war ein bedrohlicher Ort. Ich sollte ein Beruhigungsmittel trinken, was ich nicht wollte, und das haben sie mit Gewalt gemacht, mir dabei das Zahnfleisch verletzt. Hatte das Gefühl, dass das Krankenhaus Versuche mit mir machen will und aus mir einen künstlichen Menschen machen wird. Wie sie auch Versuche mit den Clonen machen. Das Gefühl hatte ich in jeder Psychiatrie.

Dann haben sie ein EEG gemacht und nicht mit mir geredet. Ich habe mich gewehrt, weil ich glaubte, ich bekomme Elektroschocks. Auch wenn ich keine Psychose gehabt hätte, wäre es für mich bedrohlich gewesen. Habe alles abgerissen, dann haben sie mich in die Psychiatrie gebracht. Mit vier, fünf Männern haben sie mich über den Gang geschleppt und ich hatte einen Schock, weil ich glaubte, ich werde von den Verbrechern irgendwohin gebracht. Ich habe mich gefühlt, als würde ich in den Knast gebracht. Sie hatten meine Mutter nicht benachrichtigt. Mit ihr hätte ich mich anders benommen, weil ich dann keine Angst gehabt hätte. Ich hatte ja Todesangst.

In der Psychiatrie habe ich Zwangsspritzen bekommen, und es war immer ein Schock. Ich war eingesperrt, weil ich komische Sachen gemacht habe, musste ins „time-out" und wurde mit der Kamera beobachtet. Das war furchtbar. Ich hatte Angst, Angst, Angst. Ich habe mich bedroht gefühlt, und alle meine psychotischen Wahrnehmungen haben sich bestätigt, das mit dem Verfolgungswahn und dass sie was Kriminelles mit mir vorhaben. Die Medikamente waren Gift für mich, und es kamen die Vergiftungsängste.

Vielleicht habe ich auch manches richtig gefühlt, wie einmal mit meinem Freund.

Da war ich 15 Jahre alt und wieder in der Psychose und in der Klinik. Ich habe Schluss gemacht mit ihm, weil ich geglaubt habe, dass er fremdgeht. Habe einen Abschiedsbrief geschrieben. Meine Mutter hat gesagt, dass es nicht in Ordnung ist, wie ich mit ihm umgehe und ihn zu unrecht beschuldige in der Psychose. Das habe ich eingesehen, aber als ich rauskam aus der Klinik, habe ich mitbekommen, dass er wirklich fremdgegangen ist.

Von außen wird man als bekloppt angesehen, wenn man in der Psychose ist, aber man nimmt Dinge wahr, die andere nicht merken, man kriegt viel mehr mit, weil man sehr sensibel ist.

Wenn ich das jemanden erzähle, was da abgeht, ist das nicht sehr angenehm für die Leute, selbst meiner Mutter nicht. Es tun sich Abgründe auf. Sie hört es sich an, aber ich fühle, dass es ihr nicht angenehm ist. Es ist ja auch schwer für sie, weil sie mit drinsteckt, gefühlsmäßig, und betroffen ist. Es macht mich traurig, dass sie es grässlich findet, diese Wahnvorstellungen. Sie sieht natürlich auch diese Ausbrüche, aber ich fühle mich nicht immer schlecht. In dem Moment jedenfalls ist es auch wie eine Befreiung. Es kämpfen die Welten in mir. Die bösen Welten verfolgen mich, die guten Welten beschützen mich, das ist meine Familie.

Wenn ich in der Psychose bin, wünsche ich mir, dass man mich ernst nimmt. Auch freundliche Menschen sind nicht immer ehrlich. Sie tun oft so, und das merke ich gleich. Es hilft mir, wenn meine Mutter sehr nah bei mir ist, obwohl ich oft aggressiv bin.

Bei meiner ersten Erkrankung bin ich danach wieder zur Schule gegangen. Nach einem halben Jahr waren wieder die Symptome da, also wieder Klinik. Ich war 13 Jahre. Ich habe dann mal was Gutes erlebt in der Klinik mit einem Jungen. Er hieß Micha. Mit ihm habe ich mich angefreundet, wir haben zusammen gemalt und uns einfach sehr gut verstanden. Das tat mir gut. Auch die Freundschaft zu einem Mädchen Heidi, um sie hat sich keiner gekümmert, weder Eltern noch Verwandte. Sie war rechtsradikal geworden, aber nur wegen der Wut und den anderen, ich meine eine Gruppe. In der Klinik habe ich zum ersten Mal Leute kennengelernt, die aus so schlimmen Familien kamen, davon habe ich noch nicht mal geträumt. Ich bin noch nie verprügelt worden. Das waren Sachen, die ich dort erlebt habe. Dadurch habe ich einen ganz anderen Kontakt bekommen und denke anders über solche Menschen. Sie haben keinen, der ihnen hilft. Das ist schlimm. Wie gut ich es habe, das habe ich da gemerkt. Es hat mich sehr geprägt diese Erfahrung. Ich habe mehr Verständnis für die Menschen, denen es nicht so gut geht. Früher wollte ich sein wie alle, wie die Normalen. Je mehr ich in der Klinik war, habe ich gemerkt: ich bin wie ich bin und kann es nicht ändern. Das ist wie gegen den Strom schwimmen.

Einmal habe ich mit anderen aus der Klinik ein Ding gedreht. Ich bin mit zwei Jungs in der Nacht heimlich abgehauen. Der eine hat bei der Arbeitstherapie einen Schraubenzieher entwendet und damit im Bad das verschlossene Fenster geöffnet. Es war gegen Mitternacht, hat alles aufgeschraubt. Ich frage mich, wie wir das gemacht haben. Die sind immer rumgelaufen und haben die Zimmer kontrolliert. Wir haben die Betten ausgestopft. Er hatte mir einen Zettel gegeben mit den Worten: Zwölf Uhr geht's los. Ich bin wach geblieben. Wir sind zu dritt raus, und auf allen Vieren draußen langgekrochen, unter den Fenstern lang, dann raus aus dem Klinikgelände, auf die Strasse. Wir hatten Pullover und Hosen über den Schlafsachen. Dann sind wir zur Tankstelle, die Jungs haben sich Bier gekauft. Dann hat uns die Polizei angehalten, und ich habe gelogen, dass der eine mein Cousin ist und der andere mein Kumpel und wir zusammen auf der Strasse unterwegs sind. Wir hatten richtige Angst, erkannt zu werden und in die Klinik zu müssen. Wir hätten was abgekriegt, das hätte viele Tage „time-out" bedeutet. Sie haben uns in Ruhe gelassen. Haben den Jungs nur das Bier ausgekippt. Dann sind wir zum Bahnhof. Wir wollten einfach nur durch die Stadt laufen in der Nacht. Wollten nicht abhauen. Dann sind wir zurück durchs Fenster, in die Betten und haben geschlafen. Keiner hat was mitbekommen, und wir haben auch dicht gehalten. Das war cool.

Jedenfalls haben meine Mutter und ich alles gemacht, dass ich weiter in die Schule gehen kann. Ich war auch in der Waldorfschule. Immer wurde ich wieder krank und habe wieder was anderes versucht. Habe die neunte Klasse zuhause gemacht, mir richtige Ziele gegeben und jeden Tag drei Stunden gelernt und mehr, obwohl es schwer war. Es ist nicht leicht, sich zuhause um so was zu kümmern, wenn man so alleine ist, aber ich wollte unbedingt die zehnte Klasse abschließen. Ich musste immer selbstdiszipliniert sein, das war schwer. Habe mit meinem Opa Mathe geübt und Hefter von meinem Freund abgeschrieben. Für jedes Fach hatte ich einen Hefter, und habe mir einen Plan gemacht, wieviele Stunden am Tage ich lernen muss. Ein ganzes Jahr habe ich das gemacht. Ich war stolz auf mich, dass ich das gemacht habe. Ich war früher immer gut in der Schule und wollte unbedingt die zehnte Klasse machen.

Die ersten Symptome kamen wieder schon nach ein paar Wochen Schule. Ich habe mir selber was vorgemacht, ich wollte unbedingt weitermachen mit dem normalen Leben. Die Gesellschaft suggeriert einem das auch, dass man nur gut ist, wenn man kämpft, und wie ich es jetzt mache, das ist nicht üblich.

Ich will keine Psychose mehr haben und suche meinen Weg, der mir das ermöglicht. Mir fehlt die Herausforderung in der Schule, zum Beispiel eine gute Zensur zu bekommen und mit anderen zusammen zu sein. Aber das ist mein Weg im Moment, die Arbeit mit den Tieren, dem Garten und den Bienen. Das ist nicht die Norm. Viele Leute verstehen das nicht, auch von Behörden und Ärzten nicht. Ich brauche ja auch Geld zum Leben. Da musste meine Mutter richtig kämpfen, und ich war deprimiert.

Seit ich zuhause bin und nicht mehr in die Schule kann, macht mich wütend und traurig, wenn Leute mich ausfragen, was ich denn zuhause mache. Ich wäre froh, in die Schule gehen zu können oder in eine Lehre, da würden mich die Leute nicht ständig so dumm fragen. Ich fühle, wenn Leute es gut mit mir meinen oder wenn ihre Fragen nicht echt sind, falsch eben. Ich wünsche mir, dass ich nicht gefragt werde.

Meine Mutter sagt, ich soll mir nichts draus machen, aber das geht nicht wegen den Gefühlen. Ich habe so sehr gekämpft, dass ich weitermachen kann. Das tut mir echt weh, und immer geht es mir durch den Kopf. Irgendwann wird es mich stark machen, irgendwann, glaube ich, und ich werde nicht mehr so verletzlich sein. Das ist alles so frisch und neu, meinen Weg gehen und meinen Rhythmus finden. Ich fühle mich so alleine damit. Aber ich bin auch stur. Ich muss erst mal mit dem anderen Lebensgefühl, mit dem Stand in der Gesellschaft klarkommen. Ich will irgendwann mal sagen können, dass ich meinen Beitrag gegeben habe in der Gesellschaft, auch mit dieser Krankheit.

Meine Mutter hilft mir sehr. Das gibt mir Kraft.

Von den Ärzten und Pflegern in der Klinik wünsche ich mir, dass man als Kranker umsorgt wird und gefragt wird, dass man respektiert wird und ernstgenommen, damit man vertrauen kann. Als Erwachsener hat man keine Gesprächstherapie mehr, nur Visite, die dauert ein paar Minuten. Aber man kann keine Probleme besprechen und auch nicht über sich reden. Von den Ärzten wünsche ich mir, dass sie uns zuhören. Sie tun so, als wüssten sie alles, und wir sind die Kranken und haben keinen Plan. Sie wissen nicht, was in uns vorgeht. Wir brauchen Anteilnahme.

Ein Arzt hat uns mal was erzählt über eine psychisch Kranke und hat dabei dummdreist gelacht. Das war schlimm für mich, auf unsere Kosten lachen und damit sein Geld verdienen. Das sind menschliche Abgründe. Man erlebt die Hölle als psychisch Kranker. Was man alles so durchmacht, und dann stellt sich ein Arzt hin, der uns gesundmachen will, und lacht. Was für mich auch schrecklich ist, dass sie uns sagen, wir hätten einen Krankheitsgewinn. Was man da durchmacht, das soll ein Gewinn sein, pah! Da werde ich richtig wütend.

Die Ärzte müssen von ihrem Thron runter. Man braucht das Gefühl, dass da ein Mensch sitzt, der mich verstehen will. Das Schlimmste ist für mich gewesen, wie sie mit Leuten aus dem Heim umgehen, weil keiner da ist, der sich um sie kümmern kann. Da hatte ich einen richtigen Schock und panische Angst, dass es mir mal so schlecht gehen kann und ich in so ein Heim muss. Ich will alles tun, damit mir das nicht passiert. Ich glaube, da wird eine gewisse Macht ausgeübt. Wenn man hilflos ist, ist man den niederen Instinkten von manchen Menschen ausgeliefert.

Ich wünsche mir, dass psychisch Kranke von Ärzten und Pflegern als vollwertige Menschen angesehen werden. Ich will nicht alle über einen Kamm scheren, es gibt auch manchmal Leute, die gut und fair sind.

Ich glaube an Wiedergeburt, dass man wiederkommt als Tier oder Mensch. Ich habe einen Naturglauben, dass alles in der Natur seine Berechtigung hat und seinen Sinn und dass sich irgendwann wieder der Kreis schließt. Tarot ist mir wichtig und die mystischen Dinge. Mein Glaube und die mystischen Gefühle sind besonders stark in den Psychosen gewesen. Dann habe ich den Eindruck, dass das Unterbewusstsein ins Bewusstsein kommt. Die Dinge, die ich wahrgenommen habe, waren auch sehr mystisch. Auf der einen Seite hatte ich viel Angst vor den ganzen Dingen, aber es war auch eine Welt, die viel zugelassen hat. Ich hatte auch einen starken Zugang zu meinem Glauben, ein Glaube an Dinge, die vom Anfang zum Ende kommen, dass sich der Kreis schließt sozusagen.

Ich war immer froh, wenn die Psychosen vorbei waren, aber es war auch immer ein Abenteuer, was ich da erlebt habe.

Das alles hat mich sehr verändert. Ich bin auch den katastrophalen Dingen nähergekommen, was auch mit dem Tod zu tun hat. Die normalen Leute wollen darüber nicht reden. Die haben ein Problem mit unsereinem, das halten sie nicht aus.

Manchmal bin ich auch sarkastisch, weil ich nichts machen kann wegen der Krankheit, die muss man aushalten, und das ist mit Sarkasmus leichter.

Ich bin glücklich, wenn ich mit meiner Mutter in Harmonie bin, und wenn es mir gut geht. Das heißt, wenn ich nicht krank bin. Die Zeiten ohne Krankheit sind sehr glücklich, weil ich die anderen erlebe. Das ist ein Geschenk, gesund zu sein. Ich habe gute Freunde, und es macht mich sehr froh, wenn ich merke, wie viel ich ihnen bedeute. Einmal hat mein Freund geweint, weil es mir so schlecht ging und sie mich so zugedröhnt hatten mit Medikamenten. Das war ein Geschenk, dass er um mich geweint hat. Ich liebe Geborgenheit: Ich liege im Wohnzimmer auf dem Sofa und mein Opa und meine Mutter sind im Raum, und ich schlummere langsam ein. Das ist wunderbar.

Ich liebe unsere Tiere, vor allem meine Mehrschweine, und ich bin glücklich, wenn ich Gedichte schreibe.

Ich denke gerne an die Zukunft und stelle mir vor, dass ich meine Krankheit in Griff bekomme und heiraten kann und Kinder habe, und dass ich mit meinem Mann hier im Haus lebe. Ich will eine Großfamilie und das Leben in verschiedenen Generationen. Ich habe noch einen Traum, nämlich Schriftstellerin zu werden.

Ich glaube daran, dass das Leben was mit uns vorhat und ich auch in schlechten Zeiten vertrauen kann. Später weiß man, dass man daran gewachsen ist, aber das weiß man wirklich erst viel später.

Ein Gedicht von Michelle:

Verwelkt ist jedes neue Leben.
Gestorben jedes Licht im Grau.
Niemand kann mir Freude geben,
der Hauch des Todes scheint mir lau.

Warum erwacht das kalte Grauen
hinter diesem Horizont?
Ich werde auf mein Ende schauen,
das letzte Sehnen in mir wohnt.

Vergangen ist mein alter Wille.
Staub bedeckt, was früher war.
Ich sinke nun in diese Stille.
Vor mir liegt ein dunkles Jahr.

Wo ist die Zeit entfernt vom Schatten,
wenn Sonne mich mit Glanz belebt.
Was wir in unserm Leben hatten,
im Angesicht des Todes schwebt.

Kalter Schnee bedeckt mein Regen.
Ich vergesse, was mich hält.
Es ist vielleicht der letzte Segen
und eine letzte schöne Welt.

Lena, die Tochter von Stella

„Ich glaube, ich bin friedensgeschädigt."

Lena ist 17 Jahre alt. Sie hat braune Augen, dunkles Haar und ist unbeschreiblich vital. Ihre Offenheit zu erzählen, von sich selbst und dem, was ihr passiert, macht es der Umgebung leicht, mit ihr in Kontakt zu kommen. Sie ist gerade dabei, die Eltern zu verlassen und ihr eigenes Leben aufzubauen. Gemeinsam mit anderen Jugendlichen gestaltet sie sich Räume in einer alten Fabrik, um sich dort zu treffen. Sie wollen reden, tanzen, abhängen und kreativ sein.

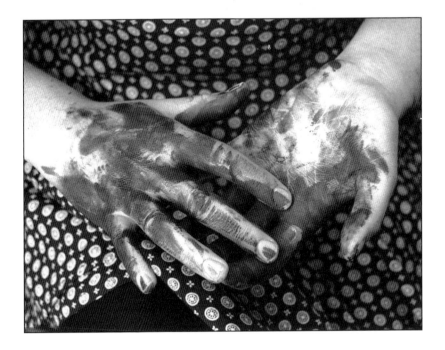

Ich glaube, es ist ein Glück im Unglück in meiner Generation. Wir haben so viel Sicherheit und Möglichkeiten, etwas zu machen, also auch Freiheit, und das kann total befangen. Mir fehlt, dass wir einen Traum als Generation haben, der uns alle verbindet. In jeder Generation braucht es eine gemeinsame Revolution, glaube ich, die ein Gefühl gibt, wir können etwas ändern und haben etwas geändert. Wenn ich meine Eltern sehe, die den Traum hatten, frei zu sein, sagen zu können was man denkt usw., das können wir alles. Unsere Revolution hängt in der Luft. Uns fehlen die Gemeinsamkeit und die Verbindung von einem kollektiven Traum. Zwischen uns besteht eine Kluft, jeder macht irgendwas, jeder kämpft auf seine Art oder hat sein Ideal, aber nichts führt uns zusammen. Ich muss immer weinen, wenn ich Bilder sehe von jungen Leuten, die ihre ganze Jugend in der DDR verbracht haben. Die nie raus konnten, die in einem Gefängnis waren, weil sie nicht reden konnten, über das, was sie bewegte. Und die auf einmal über diese Grenze laufen, Tränen überflutet, Soldaten umarmen ohne Erklärung. Klar war, dass es etwas gab, was alle Menschen fühlen und verbindet. Welch ein Irrsinn, welch ein Glück, das zu sehen, wie Leute mit ihren Kindern über die Grenze rennen und einfach nur weinen. Solch ein Erleben fehlt mir total. Wo gibt es heute schon so was, wo alle von der gleichen Sache berührt werden.

Das fehlt mir sehr, und gleichzeitig ist es ein Segen. Welche Generation konnte je so frei sein?

Sich über alles ein Bild machen, reisen, reden, alles ausprobieren, studieren, was wir wollen, einfach leben und die Freiheit, alles umzusetzen. Wo ich schon überall war! Man braucht noch nicht mal viel Geld dazu. Aber genau das bringt eine gewisse Haltlosigkeit mit sich und ein „Nicht-geerdet-sein". Ich habe viele Leute um mich herum, die strampeln vor sich hin. Die Haltlosigkeit kann auch mal in eine extreme Richtung gehen. Rechtsextremismus, Linksextremismus usw. Jeder sucht einen Halt. Und Halt gibt es nur, wenn man sich in irgendetwas vertieft. Die Leute, die Drogen nehmen, wollen sich von ihrer Haltlosigkeit ablenken, oder ich glaube es, dass sie das wollen, weil ihrer Meinung nach alles sinnlos ist, weil jeder seinen Sachen hinterherrennt und keiner mehr fragt, was die Welt im Inneren zusammenhält.

Es gibt die, die ihre Gefühle abtöten, ihren Schmerz, ihre Wut, und die, die ganz bewusst sich in eine andere Realität bringen, weil sie auf diese Realität keine Lust haben. Das kann jeder machen, wie er denkt, aber ich finde es gruselig. Das Schlimme ist, es gibt keine Grenzen mehr, wir können nirgendwo anecken. Ich kann keine Revolution gegen die Eltern machen, weil ich kein Motiv gegen sie habe. Ich finde nichts. Ich will mein eigenes Leben leben und mich von ihnen lösen, aber ich habe keinen Grund, ihnen wehtun zu wollen, so wie das früher nötig war, weil die Eltern ein ganz anderes Leben geführt haben, als es die Jugendlichen wollten. Das Leben meiner Eltern finde ich gut. Wir haben ähnliche Ansichten und Weltanschauungen, wir können reden miteinander, sie versuchen, mich zu verstehen. Sie sind mir nahe Personen. Sie und ich geben uns den Abstand, damit ich gehen kann. Wir brauchen den räumlichen Abstand, um dann wieder geistige Nähe zu finden. Das ist eine liebevolle Trennung.

So wie mir geht es vielen, jedenfalls in meinen Kreisen. Deshalb suchen viele eine Grenze. Vielleicht muss man immer Grenzen suchen, um gegen eine zu stoßen und diese Erfahrung zu machen. Einfach weiter, weiter, weiter. Wie gesagt, Freiheit ist ein Segen und ein Fluch!! Freiheit kann Angst machen.

Im Augenblick fühle ich eine innere Unruhe in meinem ganzen Körper. Das ist nicht nur, weil ich ausziehe und mich auf mein Leben freue. Ich fühle, dass eine neue Energie in der Luft schwingt, eine, die eine Veränderung bringt und alle betrifft. Das ist spannend. Ich träume auch ganz intensiv und will besser wahrnehmen, was gerade ist. Da gehört dazu, dass ich von heute auf morgen mein Leben alleine in der Hand habe, weil ich mich gerade von meinen Eltern löse. Ich werde zwar noch gehalten, aber dennoch liegt mein Leben komplett vor mir. Diese Freiheit macht mir gerade Angst, auf der anderen Seite bin ich auch glücklich.

Ich bin froh, in dieser Zeit leben zu können, in dieser Generation, in einer reflektierenden Generation. Wir sind eine Generation, die alles ziemlich bewusst tut. Unsere Eltern haben die Grenzen gebrochen, damit wir jetzt so leben können. Vielleicht macht das die Nähe zu ihnen aus.

Wir haben ein großes Geschenk erhalten, und doch leben wir in einem Trott. Ich glaube, wir müssen endlich loslaufen. Warum sitzen alle da und gucken in den Fernseher? Ich verstehe es nicht. Vielleicht ist es das Verbindende, eben dass es gerade nichts Gemeinsames gibt außer dieser Leere und Orientierungslosigkeit? Es verbindet uns, dass es keine Revolution gibt, jedenfalls im Außen nicht. Ich glaube, die Revolution ist innen, dass alles echter und intensiver wird, viel freier und unabhängiger. Dass Grenzen verschwinden, die über Jahrhunderte entstanden sind, ohne es zu bewerten. Aber sie haben ausgedient, weil die Menschen freier geworden sind. Es ist Aufbruchstimmung, herrlich! Die Revolution kommt also nicht. Sie ist da. Sie liegt in der Luft! Es wird keine politische Revolution geben, eher eine energetische Revolution.

Ich bin 1992 geboren, drei Jahre nach dem Mauerfall. Was mir meine Eltern schon sehr früh vermittelt haben, ist das Glücksgefühl über die neue Freiheit. Das sehe ich jetzt im Nachhinein. Wäre ich drei Jahre früher geboren, wäre mein erster Lebenseindruck vielleicht Angst gewesen vor Unterdrückung, Staatskontrolle und dem Ganzen, worunter die Eltern gelitten haben. Ich glaube, sie waren sehr glücklich, mich in eine freie Zeit hineinwachsen zu sehen.

Meine Kindheitserinnerungen hängen zusammen mit Gerüchen und Träumen. Ich habe damals schon sehr intensiv geträumt. Papa arbeitete im Theater als Bühnentechniker. Diesen Geruch dort vergesse ich nicht. Auch das Gefühl der Freiheit, die dort von den Menschen ausging. Ich erinnere mich an viele Menschen, besonders an ihre Gesichter, die sich mir eingebrannt haben. Erst heute kann ich das reflektieren, aber eingebrannt haben sie sich damals.

Die Großeltern väterlicherseits sind gestorben, da war ich vier Jahre alt. Für sie war die Wende ein schlimmer Zusammenbruch, also ganz anders als für die Eltern. Kurz vor ihrem Tod habe ich die Oma nochmal gesehen im Krankenhaus. Ich wusste nicht, warum sie sich bei mir verabschiedet hat und dann die Tür zuzog. Das ist mir tief eingeschrieben geblieben. Der Großvater ist kurz nach ihrem Tod wohl an Traurigkeit gestorben, denn es gab keinen Befund.

Die Großeltern mütterlicherseits sind mehr da für mich, sie leben noch. Aber es ist eine Familie, die über nichts redet, das wurmt mich. Es ist so viel

passiert, aber sie schweigen. Man spielt immer heile Welt. Meine Mutter hat das Schweigen gebrochen, aber es ist nicht leicht für sie. Ich will versuchen, trotzdem hinzugehen, oder gerade. Wenn ich höre, dass die Oma früher unter Glück verstanden hat, ein Bonbon geschenkt zu bekommen, dann bin ich nachdenklich und kann tiefer sehen. Sie sind eine ganz andere Generation. Sie wollen nur, dass alles funktioniert, ansonsten sind sie passiv der Welt gegenüber. Schlimm ist, dass es die Generationen trennt, wenn geschwiegen wird. Vor allem Eltern und Kinder. Ich probiere immer, die Großeltern zu fragen und so einen Zugang zu finden.

Meine Eltern haben sich getrennt, da war ich fünf Jahre alt. Ich habe es nicht verstanden, was es ist, eine Trennung. Vor allem der Satz: „Wir verstehen uns nicht mehr." Da dachte ich bloß, dass sie zuhören müssen, um sich wieder zu verstehen. Erst habe ich bei Papa gelebt, dann bei Mama. Ich habe sie immer beide gehabt, trotzdem war es Spagat, weil sich die Welten immer mehr entfernten. Das tut einem Kind sehr weh. Ich habe versucht, Brücken zu bauen, was nicht immer funktioniert hat, und das tut heute noch weh. Heute fühle ich den Schmerz erst richtig, als Kind konnte ich ihn nicht fühlen. Es ist gut, das nochmal wahrzunehmen und darüber zu weinen. Ich rede mit den Eltern darüber. Es ist ein Glück, wenn wir zusammen sprechen können.

Ich will mehr noch auf mein Inneres Kind achten. Wenn ich meine Kinderbilder betrachte, fühle ich, dass mich meine Eltern sehr geliebt haben und ich wohl behütet war. Dafür bin ich auch dankbar. Aber ich hatte immer ein Verantwortungsgefühl, besonders nach der Trennung.

Dann folgen die Erinnerungen von den Patchwork-Familien. Papa und Mama hatten neue Partner, was für mich auch nicht immer leicht war. Dieses Problem haben heute viele Kinder und Jugendliche. Das ist auch typisch für meine Generation. Beide Lebenspartner meiner Eltern waren für mich die gleiche Herausforderung. Sie sind angestoßen an meiner eigenen Meinung und Art. Ich habe mich oft nicht verstanden gefühlt, habe mich nicht gesehen gefühlt. Aber wenn ich zurückblicke, war es auch eine Herausforderung für mich, an der ich gewachsen bin. Dafür bin ich wirklich dankbar.

Meinen Eltern danke ich auch, dass sie mich sehr erwachsen behandelt haben und mir immer alles erklärt haben. Das brauchte ich auch. Sie haben immer mit mir geredet. Es ist Segen und Fluch gleichzeitig, wenn sich die Eltern trennen. Es ist ein Verlust und ein Gewinn durch neue Menschen. Auch musste ich durch das viele Hin und Her mich anders managen, und wenn es nur im Kopf war. Ich hatte beizeiten Eigenverantwortung.

Als sich meine Eltern trennten von ihren Partnern, konnte ich nochmal was nachholen an Zweisamkeit mit ihnen. Ich habe es genossen, jeden für mich alleine zu haben.

Ich wünsche mir sehr, dass es die Brücke zwischen uns dreien immer geben wird, weil wir doch eine Familie sind. Diese beiden Welten sind weit voneinander entfernt, nicht nur räumlich, sondern auch geistig, und doch sind sie beide in mir, und das ist auch gut so. Ich brauche es, um mich zuhause zu fühlen. Jeder braucht ein äußeres Zuhause, damit man ein inneres Zuhause finden kann und dadurch dann an vielen Orten zuhause sein kann. Natürlich bin ich daran gewachsen.

Ich gehöre auch zur ersten Generation, die in eine Freie Schule gehen konnte und lernen durfte nur für mich. Das war grundlegend für alles und wird es wohl für mein ganzes Leben bleiben.

Die Energie in der Schule war einmalig. Alle Lehrer, die dort waren, waren keine Angestellten, sondern Menschen mit Idealen und Visionen, Menschen, die keinen Beruf ausüben, sondern neues Leben wollen, ein neues, spannendes Schulsystem ausprobieren wollen. Sie waren Menschen mit einem revolutionären Geist, mit einer neuen Philosophie. Sie haben uns nicht unterrichtet, sondern begleitet. Der Wille zu lernen, den jedes Kind hat, geschah nicht aus Unterwerfung, sondern aus der Lust zu lernen. An jeder normalen Schule ist diese Lust nach drei Wochen weg. Dort glaubt man, dass Lernen wehtun muss, es muss anstrengend sein, und man braucht dazu Disziplin und Ordnung. Da ist der Urinstinkt der Kinder, zu lernen und gerne zu lernen, sofort kaputt. Kinder abzurichten, ist pervers.

Der Grundtenor an meiner Freien Schule war immer: Du darfst lernen. Ich habe wirklich jeden Tag gerne gelernt. Die Lehrer haben zu uns kleinen Kindern gesagt, was sie an uns besonders toll und wertvoll finden und was wir falsch machen. Sie haben uns immer wieder Mut gemacht. Sie haben selber von uns gelernt und das auch gesagt. Das ist menschliche Größe. Das ist der wahre Grund, dass Kinder ihre Lehrer achten, ohne sie mit „Sie" anzusprechen. Sie haben auch Fehler zugegeben und zugehört, wenn wir was zu sagen hatten. Es ist egal, ob ich Lehrer oder Schüler bin. Es geht darum, dass Menschen von Menschen lernen, egal wie alt sie sind.

Als ich zur Schule kam, hat man noch die Freie Schule belächelt, jetzt müssen sie anbauen.

Eine Gesellschaft braucht keine strengen Autoritäten.

Jetzt im Gymnasium ist es ein Riesenunterschied. Da musste ich mich erst mal umstellen.

Ich habe einen Traum, nachdem ich leben will: Ich will nicht tun, um irgendwann zu leben, sondern ich tue und lebe immer. Wie ich den umsetze, weiß ich noch nicht so genau. Es reizen mich so viele Dinge, und ich weiß noch nicht, was ich studieren will.

Ich will das tun, was mir liegt und nicht gegen meine Natur ankämpfen, vielleicht was mit Literatur oder anderen kreativen Dingen. Ich bin nicht fleißig im Lernen. Bei mir geht's immer: Herz auf und lernen über Erfahrung und Emotionen. Wissen ohne diese beiden nutzt keinem wirklich was.

Es gibt keinen Startschuss im Leben, Leben beginnt immer. Ich will nie warten, bis mal was losgeht. Leben ist in jedem Augenblick schon da.

Ich will gerne die Welt sehen. Viel reisen und so. Aber mein größter Wunsch ist, dass alles zueinander findet. Dass wir erkennen als Menschheit, dass alles eins ist.

Dann will ich einfach mal losgehen, das unverfälschte Leben spüren mit ganz wenig Dingen, nur ein Rucksack und das Allernötigste drin. Will wissen, wie ich bin ohne die vielen Dinge, die mich täglich umgeben.

Dann habe ich eine Philosophie, was die Liebe betrifft. Ich muss die große Liebe in mir selber finden. Es müssen zwei geschlossene Kreise sein, zwei in sich ruhende Wesen, die beiden Menschen, die eine Verbindung eingehen. Es darf nicht nur jemand ein halber Kreis sein und seine zweite Hälfte suchen. Das hatte ich schon mal. Mein Freund hatte keine Beziehung zu sich selbst. Er hat jemanden gesucht, der ihn entdeckt und ihm einen Sinn im Leben gibt. Er hat mich wie sein Rettungsboot gesehen, und das ging nicht. Ich wäre bald mit untergegangen.

Ich will nicht gebraucht sein, sondern selbst stehen, und der andere soll auch stehen.

Inhalt